DE LA CAISSE GÉNÉRALE DES CHEMINS DE FER

L'ŒUVRE

DE

M. MIRÈS

PAR

G. HUGELMANN

SOMMAIRE. — I. Motifs de l'auteur. — II. Intrigue dirigée contre lui. — III. Déclaration. — IV. Ce que ses actionnaires pourraient écrire à M. Mirès. — V. Situation actuelle de la Caisse des chemins de fer.

PARIS
LIBRAIRIE POITRINE
25, PASSAGE VERDEAU
1868

L'ŒUVRE

DE M. MIRÈS

PARIS
IMPRIMERIE DE BALITOUT, QUESTROY ET Cie
7, rue Baillif, 7

DE LA CAISSE GÉNÉRALE DES CHEMINS DE FER

L'ŒUVRE

DE

M. MIRÈS

PAR

G. HUGELMANN

SOMMAIRE. — I. Motifs de l'auteur. — II. Intrigue dirigée contre lui. — III. Déclaration. — IV. Ce que ses actionnaires pourraient écrire à M. Mirès. — V. Situation actuelle de la Caisse des chemins de fer.

PARIS
LIBRAIRIE POITRINE
25, PASSAGE VERDEAU

1868

La lettre qui va suivre devait paraître signée du nom des actionnaires de *la Caisse des chemins de fer* qui m'ont fourni les principaux documents à l'aide desquels je l'ai rédigée. Des événements récents, et dont je viens d'être la victime, m'imposent le devoir d'en revendiquer seul la responsabilité toute entière.

Le numéro du journal *la Presse*, publié le dimanche 20 septembre, mais portant la date du lundi 21, contenait un entrefilet de M. Mirès annonçant aux populations que, le dimanche suivant, paraîtrait une lettre dudit sieur dirigée contre moi. Cela avait lieu de me surprendre, M. Mirès n'ayant jamais osé engager une polémique sérieuse avec ceux qu'il juge capables de lui répondre ou même seulement disposés à le faire.

Je n'ai plus lieu d'être surpris. M. Mirès savait, lorsqu'il publia son entrefilet du 20, ce qui devait m'arriver le 21. Le lundi, en effet, j'ai été arrêté préventivement, après une minutieuse perquisition dans mes bureaux et à mon domicile, sous l'inculpation d'avoir nui au crédit de la maison Aycard et Cᵉ, dont on connait les relations avec M. Mirès. J'aurais nui au crédit de la maison Aycard en éclairant ses clients sur son genre d'opérations, et en avertissant les actionnaires du *Crédit mobilier* du rôle qu'elle leur fait jouer, dans un but qu'il a été donné à bien du monde d'entendre exposer de la bouche même de M. Mirès, de M. Aycard, et de M. Fontaine.

M. Mirès savait que je ne serais pas libre de répondre à son défi. Courageux paladin, il mettait la lance en avant contre un adversaire que des complices s'étaient engagés d'avance à exclure du champ clos.

Je m'étais demandé en vain, lors de mon arrestation préventive, comment l'inculpation dirigée contre moi autorisait la mesure dont j'ai été l'objet. On m'a expliqué depuis que M. Aycard, m'accusant de m'être servi, pour éclairer ses clients, de listes prises dans ses bureaux, j'étais susceptible d'être détenu préventivement comme complice de ce détournement.

J'ai été bien calomnié dans ma vie par mes adversaires pour mon engouement napoléonien; mais je leur rends cet hommage que, jamais, il n'est venu à aucun d'eux la pensée de diriger contre moi une accusation flétrissante. Libre donc à M. Aycard d'inventer des crimes ou des délits pour m'en faire le complice. Cela ne peut m'atteindre. Mais ce que je ne puis oublier, ce sont les paroles murmurées à mon oreille par quelques-uns des agents subalternes qui ont concouru à mon arrestation :

« Pourquoi vous attaquez-vous à une maison » qui a derrière elle les plus grands personnages » intéressés à la chute du *Crédit mobilier?* Pour- » quoi avez-vous prêté votre concours aux ac- » tionnaires de *la Caisse des chemins de fer?*

La maison Aycard et Ce a deux industries : la première consiste à envoyer des courtiers au domicile des gens économes pour les engager à verser hebdomadairement ou mensuellement dans sa caisse le produit de leurs épargnes. Elle donne, en échange des dépôts qu'elle sollicite, des récépissés qui déclarent les dépositaires propriétaires d'obligations de la Ville de Paris, du Crédit foncier de France ou de titres de rentes 3 p. 100 ; et ce, du jour même où les dépositaires ont versé le cinquième de la valeur desdits titres, afin qu'ils aient dès lors droit aux tirages successifs ; la seconde consiste à appeler dans ses bureaux les actionnaires du *Crédit mobilier*, et à leur demander tant par titre, afin de poursuivre à outrance des financiers dont je n'ai pas besoin de rappeler ici les noms.

Je suis régulièrement possesseur de dix mille francs de ces récépissés de la maison Aycard et Ce ; je suis en outre fondé de pouvoirs d'un assez grand nombre de porteurs de récépissés semblables. J'ai sommé judiciairement la maison Aycard et Ce de me prouver, par bordereaux réguliers d'agents de change, et par tels autres témoignages qu'il lui plaira d'invoquer, qu'elle a en caisse les obligations achetées à l'époque indiquée sur les récépissés et portant les numéros que ces récépissés mentionnent, au dire de ses courtiers et à son propre dire. La maison Aycard et Ce ne s'est pas exécutée. Je la mets au défi de le faire dans les termes que ses contrats lui imposent. Qu'elle ouvre sa caisse; qu'elle indique les versements opérés par sa clientèle; qu'elle montre les titres et les bordereaux que je lui demande; qu'elle fournisse la comptabilité relative aux procès intentés sous sa direction aux anciens administrateurs du *Crédit mobilier ;* et je m'avoue vaincu; et je confesse qu'elle a raison de s'intituler : L'ÉCONOMIE.

Au lieu de me payer et de payer ses clients, la maison Aycard et Ce croit avoir trouvé en moi son Pontalba. Sur sa dénonciation, je suis détenu préventivement, afin que M. Mirès puisse m'attaquer dimanche en toute liberté. Les agents subalternes, qui m'ont escorté, ont prétendu que, pour qu'elle ait obtenu ce résultat, il faut que de bien grands personnages soient derrière elle. Je soutiens, moi, qu'il lui a suffi de tromper momentanément la Justice, obligée d'appliquer impartialement la loi contre tous ceux qu'on lui dénonce; et j'ai donné rendez-vous devant elle à M. Aycard et à sa Compagnie.

Cependant, je ne puis m'empêcher de me rappeler qu'à l'époque où je réclamais en vain à M. Mirès l'argent que j'ai payé pour lui à Bordeaux au représentant de ses liquidateurs, afin de laisser mourir en paix un vieux journaliste dont ses procédés ont empoisonné les derniers jours, M.Mirès, m'a entretenu souvent des procès qu'il se proposait de susciter aux anciens administrateurs du *Crédit mobilier;* et je me demande si les grands personnages qui ont pû conseiller à M. Aycard de faire arrêter préventivement un de ses plus forts créanciers ne seraient pas ceux que M. Mirès m'a représentés alors comme devant être toujours des instruments de sa volonté.

M. Mirès est-il, du reste, si peu coutumier du fait d'intimidation, que j'aie à m'étonner de son intervention dans les procès qu'a intentés la maison Aycard et dans son inqualifiable conduite envers moi.

J'ai prêté mon concours aux actionnaires de *la Caisse des chemins de fer* pour la même raison que j'ai poursuivi l'exécution des engagements de la maison Aycard et Cie envers sa clientèle; et cette raison, je vais la développer ici brièvement.

Je suis profondément dévoué à des opinions dont nul ne peut contester la bonne foi, puisque, loin de m'enrichir, elles m'ont isolé. Ces opinions m'ont conduit à étudier les causes qui ont ébranlé depuis quelques années l'édifice reconstruit en 1852. Elles sont dues en grande partie à la façon dont le Crédit public a été exploité. Il y a là un abîme béant dont la profondeur augmente chaque jour, et qui pourra bien engloutir notre Société occidentale toute entière, si on ne se hâte de le combler.

Dès l'origine du second Empire, les hommes, chargés de présider au développement intérieur et extérieur de notre crédit, de notre commerce et de notre industrie, n'ont pas compris que le gouvernement impérial devait au moins dominer par la pensée les entreprises internationales tentées avec l'argent de la France. Le mal a été d'autant plus grand que ces hommes, engagés pour la plupart comme hommes privés dans les grandes affaires, en ont fait subir l'influence à la politique impériale, au lieu de leur imposer l'influence de cette politique.

J'étais en Espagne, à la tête du *Journal de Madrid*, lorsque le *Crédit mobilier* de France envoya ses représentants dans la Péninsule, d'abord pour y terminer la canalisation de l'Ebre, ensuite pour y créer le Crédit mobilier espagnol. Je m'aperçus de suite que, malgré ses fondateurs, dont la grande idée n'a été encore ni bien comprise, ni par conséquent bien traduite, l'impulsion manquait à l'Institution; qu'une autre impulsion lui était au contraire imprimée, dans les affaires espagnoles par MM. Duclerc et Bixio; et que l'influence de ces hommes, remontant vers les fonctionnaires de l'Empire matériellement intéressés aux succès financiers de la place Vendôme, et s'imposant même au génie des fondateurs, c'était l'impuissance du gouvernement provisoire qui paralysait dans l'ordre économique le développement extérieur de l'initiative impériale.

En appréciant de la sorte l'action du *Crédit mobilier* français en Espagne, je m'attirai l'inimitié des hommes qui agissaient alors au nom de cette Institution. Seulement, à cette époque comme aujourd'hui, je fus obligé de reconnaître, et je reconnus que l'Institution du *Crédit mobilier* de France était, de toutes les institutions financières nées avec le second Empire, la seule qui eût un caractère sérieux, et dont les fondateurs fussent à même de s'entendre, à un moment donné, avec le Souverain, pour mettre en rapport l'impulsion économique et l'impulsion politique du règne. Si cette entente avait eu lieu; si elle pouvait encore être réalisée, le spectacle des ruines qui nous attristent serait vite changé en un spectacle florissant. Or elle aurait certainement eu lieu si certaines personnes, substituant leurs intérêts aux intérêts généraux, n'avaient profité, pour édifier leur fortune privée sur l'écroulement de la fortune publique, de confidences qui leur furent faites et qui avaient pour but de hâter une solution, rendue nécessaire par suite de l'avidité des premiers parasites.

C'est alors que, selon moi, une grande faute a été commise par les fondateurs du *Crédit mobilier*. Au lieu de puiser dans leur génie la force et l'énergie nécessaires pour faire peser la responsabilité des ruines amoncelées sur leurs auteurs véritables; au lieu de se charger de réparer le mal; au lieu de ne pas se laisser impunément attaquer par les véritables auteurs de la crise ou par des gens qu'un souffle eût fait rentrer dans le néant, ils ont uniquement jusqu'ici puisé dans leur conscience le dégoût des ingrats qu'ils avaient comblés.

Les corbeaux sont arrivés, croyant à un cadavre, et aiguisant déjà leurs becs pour en dépecer les membres. Je ne veux pas parler ici des ingratitudes et des apostasies. Il est convenu que les Pierre doivent pouvoir attendre pour se repentir le troisième chant du coq, et qu'on peut être un grand économiste sans être grandement courageux. Et puis les hommes qui auraient dû réagir s'abandonnant eux-mêmes, l'Institution s'écroulant, devait-on s'opposer à ce que les corbeaux poursuivissent leur œuvre? Oui, car le bon sens, la vieille loyauté, le vieil honneur français ne peuvent pas s'empêcher de reconnaître que la chute du Crédit mobilier, exploitée au profit de M. Mirès, de M. Aycard et de tant d'autres qu'on se montre avec étonnement sous le péristyle de la Bourse, serait la mort du Crédit national en même temps que le triomphe des financiers anglais, allemands et hollandais qui, depuis que le liquidateur de la *Caisse des chemins de fer* régente chaque dimanche soir le monde des affaires au nom de sa moralité personnelle, nous considèrent comme ayant perdu nous-mêmes le sens moral des affaires, et comme n'ayant plus le droit de nous dire des hommes sérieux.

Le bruit d'une alliance insensée entre M. Mirès et les anciens administrateurs du *Crédit mobilier* avait couru ces derniers jours. Ce bruit ne peut qu'être erroné. Nous ne croyons pas avoir à le juger autrement que l'a jugé devant nous un des jeunes financiers allemands qui aspirent à recueillir l'héritage des grandes affaires abandonnées par le crédit français : — « Voilà un an que, dans chacun des » numéros de *la Presse*, M. Mirès me couvre d'in- » jures, et cherche à porter atteinte à mon crédit. » Je ne lui ai pas répondu ; je ne lui répondrai ja- » mais, bien que je dusse le remercier des témoi- » gnages de sympathie que me valent ses atta- » ques. Si les anciens administrateurs du *Crédit* » *mobilier* agissaient autrement que moi, ils sou- » lèveraient l'hilarité du monde entier. S'ils le » veulent, il leur est encore possible de réparer » eux-mêmes le mal dont on tient à les rendre » responsables ; mais, quant à le réparer en com- » pagnie de M. Mirès, c'est de la folie pure ; et ce » n'est qu'à Charenton qu'une telle alliance pour- » rait aboutir. »

Une chose étonne, c'est que personne n'ait encore fait remarquer qu'en visant à la tête le *Crédit mobilier*, c'est le Crédit public que l'on atteint au cœur ; et que le seul résultat obtenu par les attaques impitoyables dirigées contre les représentants les plus justement distingués de ce Crédit a été d'ajouter à la dépréciation de valeurs, condamnées avant d'être émises, celle de toutes les valeurs sérieuses. Les actions de *la Caisse des Chemins de fer* n'ont pas, ne pouvaient pas remonter raisonnablement d'un louis; mais, en revanche, tous les porteurs de ces actions, au lieu de se consoler, en touchant les revenus et les dividendes de titres plus sérieux, ont dû subir avec désespoir la rapide dépréciation de ceux-ci et constater qu'elle n'est pas due à autre chose qu'aux attaques passionnées de M. Mirès et de M. Aycard. Quand donc y verrons-nous clair en France, et cesserons-nous de nous laisser abuser par les ennemis les plus redoutables de nos intérêts et de notre bien-être !

Dans le but d'attirer l'attention sur ces vérités, que tout le monde gagnerait à connaître ; dans le but de réagir contre l'avidité des indignes adversaires de l'Institution qui peut encore être sauvée, et de faire enfin entrer en ligne les actionnaires et les obligataires véritables, dont l'intervention énergique et directe peut seule aider intérieurement et extérieurement à la reconstitution de notre crédit, j'ai contribué de ma plume à la création d'un journal dont les actes et les tendances défient, jusqu'ici, la critique la plus rigoureuse. Dans le même but, j'ai entrepris d'examiner le droit qu'ont eu des hommes comme M. Mirès et des maisons comme la maison Aycard, de faire ce qu'ils ont fait pour la ruine financière de la France.

J'y étais sollicité par les malheureux dont je reçois quotidiennement les confidences ; et je comptais, je compte encore sur la Justice de mon Pays pour appuyer et seconder mes efforts. En lisant avec attention la lettre qui va suivre, et qui n'est que la première partie d'un travail entrepris sur la demande des actionnaires de *la Caisse des Chemins de fer*, le public et la Justice apprendront ou se rappelleront quel est l'homme qui, depuis plus d'une année, pour la satisfaction de son orgueil et l'excuse de son avidité, poursuit et consomme la dépréciation de toutes les valeurs dans lesquelles l'épargne française a placé ses réserves et ses espérances. Ils verront si cet homme a le droit de mettre le pistolet sur la gorge des gens, au nom des sentiments qu'il invoque, et ils diront en conscience si d'autres que lui sont coupables et responsables du mal qui résulte de son intervention dans la presse et dans les finances françaises.

Que s'il me dénie, comme fondateur, gérant et liquidateur de *la Caisse des Chemins de fer*, le droit d'examiner ses actes, sous prétexte que je ne suis pas actionnaire de cette Caisse, je lui répondrai que je le fais au moins du droit qu'il a pris lui-même de ruiner toutes les entreprises dans lesquelles il ne possède pas un sou d'intérêt. Chacun des numéros du journal qu'il a acquis avec le reste des fonds de ses actionnaires dépouillés, a été un réquisitoire contre quelqu'un ou une enquête sur quelque fortune. N'est-il pas temps de formuler un réquisitoire contre lui; d'ouvrir une enquête sérieuse, cette fois avec le concours de gens de bourse, sur *cette grande misère* qui sommeille chaque nuit sous un dais, pendant qu'actionnaires et obligataires sont en proie à l'insomnie du grabat, et sur cette *Caisse des Chemins de fer* que M. Mirès prétend impunément et indéfiniment avoir pour instrument docile, sous prétexte qu'il a prêté jadis le plus clair de son actif à des personnes dont il menace sans cesse de divulguer les noms? Eh bien! qu'il les divulgue donc. Aussi bien il est temps, grand temps, que l'Empire fasse une différence entre les hommes qui lui ont tout sacrifié, et les hommes qui n'ont profité de leur situation que pour accepter de tels ou tels financiers la sportule quotidienne de la vénalité. Cette différence est indispensable à la reconstitution sérieuse de notre crédit national. Aussi bien il est temps, grand temps, que le public sache par quels actes, en vertu de quels principes, ou par quelle protection occulte M. Mirès a mérité de s'asseoir, nouveau Minos, sur le fauteuil de fer du juge, en tenant à la main l'urne des destinées financières du Pays.

G. HUGELMANN.

23 *septembre* 1868.

Je ne me trompais pas, en écrivant les lignes qui précèdent. M. Mirès vient d'établir que la maison Aycard, « *qui réunit, on le sait, les actionnaires* » *du Crédit mobilier, et s'est faite l'intermédiaire de* » *leurs réclamations,* » est l'alliée de sa maison.

Seulement, j'étais loin de prévoir que le ridicule le disputerait à l'odieux dans les explications de M. Mirès ; et que, sous ce titre : *Une intrigue*, il exposerait lui-même, dans toute sa nudité, celle dont il vient de se rendre coupable envers moi.

M. Mirès publie en effet les paragraphes suivants dans la *Presse* du 28 septembre, à l'endroit où s'étalaient d'ordinaire ses furibondes attaques contre les hommes devant lesquels on sent qu'il s'incline aujourd'hui, tout en cherchant encore à mordre la main qu'il voudrait rouvrir.

Le journal l'*Epargne* pubiait dimanche dernier les lignes suivantes :

BANQUE DES ÉTATS. — Il n'est bruit à la Bourse, depuis ces derniers jours, que d'une alliance contractée entre le liquidateur de la *Caisse des Chemins de fer* et les anciens administrateurs du *Crédit Mobilier*, dont M. Salvador aurait forcé la main. Cette alliance aurait pour résultat la constitution définitive de la *Banque des États* et l'émission des actions de cette Banque. Les combattants, revenus aux meilleurs sentiments les uns pour les autres, n'auraient plus qu'une seule pensée : celle de demander au public une contribution pour frais de guerre, mais ce droit de joyeux avénement de la Banque nouvelle serait réduit au chiffre de 50 *millions*.

A peine cette nouvelle eut-elle paru, que M. Lauze, se disant seul propriétaire du journal *l'Épargne*, protesta contre son insertion, faite, affirma-t-il, à son insu par M. Hugelmann, son rédacteur. Quant aux manœuvres peu loyales de M. Hugelmann à mon égard, M. Lauze ne dissimula pas qu'à son avis, cet écrivain subissait la pression de gens que ma polémique blessait.

Je me borne à rapprocher ces déclarations de la nouvelle qui suit publiée hier par le journal *l'Événement :*

« On s'entretient de plusieurs arrestations qui auraient été faites à la suite du détournement de la liste des clients de la maison Aycard et Cᵉ. Cette maison, on le sait, réunit les actionnaires du Crédit mobilier, et s'est faite l'intermédiaire de leurs réclamations.

» L'auteur de ce détournement est un employé de la maison Aycard, et les complices présumés arrêtés, sont : 1° M. Hugelmann, rédacteur en chef du journal *l'Épargne ;* 2° M. Charles Beaucé, fondateur, depuis quelques jours, de l'Office des actionnaires, 40, rue Notre-Dame-des-Victoires. ; et 3° enfin, M. Lefèvre, ancien avoué.

» L'instruction de cette affaire est confiée à M. de Lurcy. »

Et maintenant j'explique en quelques mots les lignes citées plus haut et insérées par M. Hugelmann dans *l'Épargne.*

Depuis trois mois, M. Hugelmann, assisté de M. Haus, employé peu important de ce journal, a tenté d'exciter contre moi mes propres actionnaires de la *Caisse des Chemins de fer*. M. Hugelmann, comme bien d'autres, est irrité de l'harmonie qui n'a cessé d'exister entre ces victimes de tant de haines et leur gérant: cette harmonie le gênait, il voulait la détruire.

A force de publicité, M. Hugelmann est parvenu à grouper quelques adhésions obtenues par surprise ; il y a joint quelques compères, et le tout représente environ trente actionnaires.

Les pouvoirs obtenus par les meneurs de cette intrigue ne vont pas cependant au-delà de l'autorisation de provoquer une assemblée de la *Caisse des Chemins de fer*.

Les prétentions personnelles de M. Hugelmann vont plus loin ; son but avoué hautement à plusieurs actionnaires est de me forcer à vendre la *Presse*.... L'intérêt qui l'inspire est facile à saisir. Pour réaliser son projet, M. Hugelmann m'a fait assigner devant le Tribunal de commerce afin d'obtenir la convocation d'une assemblée pour y faire du scandale, et porter le dernier coup à cette malheureuse société écrasée par tant de procédés iniques.

Les choses en étaient à ce point, lorsque les représentants de MM. Pereire et les miens ont été saisis de l'examen de nos différends d'un ordre purement moral. M. Salvador, dans cette circonstance, a, en effet, pris un rôle conciliateur ; sauf les termes, M. Hugelmann dit en ce point une chose exacte. Cette conciliation dérangeait les projets du rédacteur de l'*Épargne ;* aussi s'est-il efforcé d'y faire obstacle en insérant dans ce journal la note que j'ai citée, note évidemment rédigée de façon à soulever les susceptibilités d'esprits encore irrités.

Mais où cette note manque non-seulement aux convenances, mais à la vérité, c'est lorsqu'elle insinue qu'il pourrait sortir du jugement d'honneur une alliance d'affaires entre MM. Pereire et moi. Qu'on le sache, désormais un tel rapprochement est aussi impossible que le réveil des relations affectueuses du passé.

Quand je parle ainsi, je ne suis pas en désaccord avec l'attitude que j'ai observée lorsqu'en 1866 et 1867, je poursuivais l'Union financière. MM. Pereire, alors à la tête de plusieurs grandes sociétés, régnaient sur le monde des affaires; sans eux on ne pouvait rien tenter. J'imposai silence à mes actionnaires, je sollicitai de MM. Pereire le concours de leurs sociétés en faveur d'un projet utile à ces sociétés, à la mienne; en agissant ainsi, je sacrifiai mes légitimes susceptibilités aux intérêts que le devoir me commande de protéger et de défendre.

Je n'ai nulle raison de renouveler ce sacrifice, aujourd'hui que MM. Pereire n'ont plus la même omnipotence dans le monde financier. Je puis pardonner une implacable persécution, je ne saurais jamais l'oublier, tant que les intérêts injustement en souffrance n'auront pas reçu une satisfaction complète.

J'avais, la semaine dernière, manifesté l'intention d'adresser à M. le président du Tribunal de commerce une lettre en réponse à l'assignation que m'ont fait donner MM. Hugelmann et Hans. On comprend que je n'aie pas donné suite à ce projet après la révélation du journal *l'Événement* et l'arrestation du sieur Hugelmann.

De l'endroit où j'écris, il m'est impossible de savoir si M. Lauze a agi comme l'indique M. Mirès. *Quant à ne pas dissimuler* au dit sieur *que mes articles étaient écrits sous la pression de gens que blesse sa polémique,* M. Lauze n'aurait pu au contraire manquer de faire remarquer au liquidateur de *la Caisse des chemins de fer,* que les termes dans lesquels le dernier est conçu prouvent tout le contraire.

Mais arrivons à l'article de l'*Événement.* Qui ne sait à Paris que le fondateur de ce journal est un rédacteur de la *Presse;* et que, par conséquent, M. Mirès, en reproduisant l'insinuation dirigée contre moi par la feuille de M. Bauër, se charge de faire comprendre ce que, même le connaissant, j'aurais rougi pour lui d'insinuer moi-même. Aycard, *Événement,* Mirès, tout cela c'est l'homme de Douai : un seul Dieu en trois personnes!

M. Mirès ment quand il affirme que, depuis trois mois, « *irrité de l'harmonie qui n'a cessé d'exister* » *entre ses actionnaires et leur gérant,* » j'ai tenté d'exciter contre lui ces malheureux, de concert avec M. Hans. Depuis trois mois, engagé dans cette voie sur la prière d'un grand nombre de victimes, je cherche à leur faire rendre justice et non à les exciter contre qui que ce soit. Elles se sont groupées autour de moi, non pas au nombre de trente, mais au nombre de plusieurs centaines; et cela, spontanément, sans que j'en aie demandé ni pris à personne la liste nombreuse.

Voulant diminuer les frais d'enregistrement, trente seulement d'entre ces malheureux se sont dévoués pour demander à M. Mirès ce qu'il a solennellement promis en 1866, ce qu'il aurait dû faire depuis un an: une assemblée générale. Quant à la vente de la *Presse*, il n'en pourrait être raisonnablement question, aujourd'hui que M. Mirés a fait perdre toute sa valeur à ce journal. Il s'agit seulement de le diriger et de l'administrer désormais de façon à ce qu'il vaille et surtout à ce qu'il produise quelque chose.

M. Mirès croit que la réunion de ses actionnaires porterait le dernier coup à la *Caisse des Chemins de fer*. Ce n'est pas moi qui le lui fais dire. Si cependant *l'harmonie n'a cessé d'exister entre eux et lui*, d'où vient donc qu'il hésite tant à se trouver où l'on ne saurait être mieux : au sein de sa famille?

Enfin, M. Mirès avoue qu'il a prié M. Salvador d'intercéder pour lui auprès des anciens administrateurs du *Crédit mobilier*. Ce retour à récipiscence ne peut que servir mes projets, puisqu'il me met à même de demander à M. Mirès la cause qui l'a déterminé à s'incliner si vite devant ce qu'il a si audacieusement et si longtemps attaqué. J'irai même plus loin sur ses aveux. Je lui demanderai de quel droit il a fait le bruit prolongé que je lui reproche, si, après avoir invoqué pour excuse l'intérêt de ses actionnaires, il s'agenouille sans rien avoir stipulé dans cet intérêt.

M. Mirès, au moment d'adresser à propos de moi une première lettre à M. le Président du Tribunal de commerce, a senti la plume trembler sous ses doigts. Il a compris qu'après m'avoir fait arrêter, ce que le premier venu pouvait faire en m'accusant d'avoir pris un mouchoir, comme il me fait accuser de m'être servi de listes soustraites, il ne pouvait pas me calomnier. C'est un reste de pudeur, qui m'étonne de sa part.

La loi m'autorise à être libre sous caution. Il pourra, le dimanche qui suivra ma mise en liberté, donner un libre cours à sa faconde; mais daignera-t-il, avant de le faire, prendre l'engagement de reproduire au moins mes réponses?

M. Mirès a, dans la *Presse*, injurié M. Hans de la façon la plus grave. M. Hans a répondu sur le ton le plus modéré. M. Mirès n'a pas osé publier la réponse de M. Hans qui, malgré un jugement formel obtenu contre M. Mirès, n'a pu encore arriver à l'insertion à laquelle il a droit. C'est que la réponse de M, Hans est péremptoire; qu'elle repose sur des chiffres; qu'elle fait connaître aux actionnaires de la *Caisse des chemins de fer* la véritable situation de cette *Caisse;* et qu'enfin, après l'avoir lue, il est impossible de ne pas comprendre pourquoi M. Mirès a préféré consacrer plusieurs colonnes a en invectiver l'auteur qu'à la reproduire loyalement.

Je laisse pour ma part au public le soin d'apprécier tout ceci; et j'affirme de nouveau ce que j'ai affirmé au juge d'instruction, c'est que, pour connaître les victimes d'hommes comme MM. Aycard et Mirès, on n'a pas besoin de leur en voler la liste. On frappe à la première porte venue et il s'en présente dix.

G. Hugelmann.

28 septembre 1868.

Je n'ai pas à retrancher un mot des lignes qui précèdent. Cependant je les ai écrites loin du milieu habituel de ma vie.

Dès le lendemain de mon interrogatoire, le juge d'instruction a rendu une ordonnance de mise en liberté sous caution à laquelle M. Aycard s'est empressé de mettre opposition. La Chambre du conseil a statué. Malgré les efforts tentés par mes adversaires pour me retenir huit jours de plus en captivité, je suis libre.

Du Parquet, pas plus que de la Cour, on ne doit en France attendre des *services*. Notre pays a perdu bien des choses; mais sa magistrature est demeurée indépendante et digne. Ce n'est que dans les régions subalternes qu'on s'occupe encore de savoir vers quel plateau de la balance se porte la main de tels ou tels personnages.

Le public, je le répète, appréciera. Il se demandera surtout comment M. Mirès peut considérer la pensée de le replacer face à face avec ses chers actionnaires comme un acte de nature à mériter contre son auteur l'indigne et calomnieuse accusation dont je viens d'être l'objet. Quant aux hommes de cœur que la crainte d'être ainsi victimes pourrait empêcher d'attaquer de front le mal qui nous ronge, j'espère leur prouver que, s'il y a des périls à braver pour faire prévaloir en France la vérité, il y a également quelque joie à éprouver et quelque orgueil à ressentir dans l'accomplissement du devoir.

G. HUGELMANN.
Paris, 5, place de la Bourse.

6 octobre 1868.

Nota. Les actionnaires de *la Caisse des Chemins de fer* et les clients de la maison Aycard et Ce continueront de trouver à Paris, 40, rue Notre-Dame-des-Victoires, à L'OFFICE DES ACTIONNAIRES, un centre où ils recevront tous les renseignements de nature à les éclairer sur leurs intérêts et sur leurs droits. Ceux d'entre eux qui sont actionnaires du *Crédit mobilier*, pourront en outre se rendre compte de la différence qui existe entre les moyens dont nous conseillons l'emploi et ceux qui leur ont été préconisés ailleurs.

A MONSIEUR JULES MIRÈS, LIQUIDATEUR ET ANCIEN GÉRANT DE LA CAISSE GÉNÉRALE DES CHEMINS DE FER, PROPRIÉTAIRE ET RÉDACTEUR DE LA *Presse*.

Je suis un actionnaire de la *Caisse générale des Chemins de fer*, et, à ce qu'il paraît, co-propriétaire pour 7 fr. 32 par action du journal la *Presse*, ainsi que vous avez eu l'insigne bonté de l'apprendre aux abonnés de ce journal, le 20 juillet dernier.

A parler franc, je m'en doutais un peu, depuis quelques mois que j'y voyais s'étaler dans toute sa grâce votre style épistolaire. Je pensais bien que ce n'était pas par pure complaisance que le Rédacteur en chef de cette feuille en faisait votre boîte aux lettres ordinaire, et vous permettait de conquérir ainsi le titre de *Petit Sévigné financier* qui vous est désormais acquis.

Mes sympathies pour vous, grandies par la touchante unanimité de vos actionnaires à l'assemblée du 10 avril 1866, ont fait de moi un lecteur assidu de vos lettres, et j'ose espérer que vous reconnaîtrez tout le fruit que j'ai recueilli de leur lecture.

Hélas, Monsieur, les fruits de la science sont amers : en même temps que je faisais, en vous lisant, mon éducation d'actionnaire, dont je vous offre ici les prémisses, je perdais une à une mes illusions ; ma foi s'évanouissait ; le doute envahissait mon esprit, au point, le croiriez-vous, qu'en apprenant de votre expérience comment on peut constituer une assemblée factice, j'en suis venu à douter de la sincérité des vôtres.

Eh ! quoi ! me disais-je, mes sympathies spontanées auraient été *chauffées* par des enthousiasmes de mauvais aloi ; j'aurais mêlé mes applaudissements sincères à ceux de claqueurs assermentés ! — Et je me rappelais, au souvenir des assemblées auxquelles vous nous avez vous-même convoqués, les battements exercés de quelques-uns de mes voisins que j'aurais certainement recommandés aux entrepreneurs de succès théâtraux, si j'en eusse connu.

Quoique j'aie bien vite chassé loin de moi cette idée invraisemblable, je n'ai pu depuis, malgré mon grand désir, retrouver la foi, cette sainte foi, qui est le résultat immédiat de la grâce efficace, ainsi que pourront vous le dire les théologiens à qui vous avez confié la rédaction de la *Presse*.

Aussi, oubliant mes devoirs d'actionnaire bien pensant, dont le premier est de ne pas penser du tout, et le second de ne point s'occuper de ses affaires je me suis permis d'appliquer à vos opérations un peu du sens critique que la lecture de vos articles a développé en moi.

La publication de la situation de la *Caisse générale des Chemins de fer*, dans la *Presse* du 20 juillet dernier, vient de me déterminer à vous adresser publiquement le résultat de mes études, sous la forme épistolaire qui vous est si familière.

Permettez-moi de croire que vous voudrez bien lui donner place dans la *Presse*, notre journal.

Un autre procédé donnerait à penser que vous aimez mieux écrire des lettres qu'en recevoir, et justifierait trop l'usage indéterminé qu'ont fait des vôtres les correspondants que vous vous choisissiez.

Donc, Monsieur et maître, je compte sur votre indulgence pour cet essai d'un de vos élèves, et j'espère que vous voudrez bien accepter la discussion à laquelle je vous convie..

PONTALBA — TÊTE DE TURC.

Avant d'entamer cette étude sur la *Caisse*, je désire vider avec vous la question Pontalba.

Entre nous, Monsieur et maître, cet homme, que je n'aime pas plus que vous ne l'aimez, vous a rendu de bien grands services. Outre qu'il vous a valu, par sa dénonciation, une popularité que vous n'auriez jamais obtenue, outre qu'il vous a permis de tomber avec tous les honneurs de la guerre, ce qui serait arrivé tôt ou tard sans ces honneurs, il vous sert tous les jours d'argument concluant et irréfutable.

— Ah! sans la dénonciation Pontalba....

— Quand M. de Pontalba fit ceci, etc....

Si vous ne l'aimiez *in petto*, vous seriez bien ingrat à son égard. Ceci n'est pas un paradoxe, et je vais le démontrer.

D'abord, il ne vous eût jamais dénoncé si vous ne vous étiez pas mis dans le cas d'être dénoncé par lui. Il ne vous eût jamais réclamé induement deux millions si vous ne l'aviez habitué à puiser dans notre caisse comme dans la sienne, et si vous ne lui aviez pas ouvert, en compte-courant, un crédit égal à cette somme.

De votre propre aveu, M. de Pontalba était en 1860 débiteur de 1,800,000 francs.

Qui avait laissé prendre à cet homme, que vous saviez personnellement insolvable, une somme aussi énorme, sinon vous, qui *seul aviez alors la signature sociale?*

Qui doit être responsable des conséquences de sa dénonciation, c'est-à-dire de la ruine des actionnaires, sinon vous, qui, tuteur de nos intérêts, les avez ainsi compromis?

Qui, en fin de compte, doit rembourser en capital, intérêts et frais, cette créance constituant de votre part plus qu'une faute lourde, sinon vous qui l'avez cachée aux actionnaires?

Est-ce nous qui vous avons autorisé? Les statuts vous le permettaient-ils? Qui les a transgressés, violés, sinon vous qui en étiez le gardien?

Comment, vous trouvez juste et équitable qu'on demande aux administrateurs du *Crédit mobilier* la garantie d'un compte-courant ouvert, selon les statuts, à une Société riche et puissante, et vous ne remboursez pas, et vous ne songez pas qu'il soit possible de vous réclamer une somme que vous avez sciemment jetée à un insolvable?

Vous avez accepté la transaction faite par les liquidateurs, vos prédécesseurs, avec la famille Pontalba. Eh! bien, Monsieur, je vous le dis en vérité, dans la profonde conviction de ma conscience, vous devez à la *Caisse* tout ce que la famille Pontalba n'a pas payé de cette dette et même les frais faits pour son recouvrement.

Seul vous êtes responsable et de la créance que vous avez autorisée, et des intérêts jusqu'à ce jour, et des frais, le tout s'élevant à une somme de *trois millions*.

Seul, vous êtes encore responsable des conséquences de cet acte qui est entièrement vôtre; seul, vous êtes responsable de la ruine des actionnaires.

Vous, qui discourez si bien des responsabilités encourues par les autres, pourquoi ne parlez-vous pas de celles qui vous incombent, bien plus évidentes et plus ruineuses?

Vous me direz que, depuis la fameuse séance du 10 avril 1866, l'affaire Pontalba est enterrée par le bill d'indemnité et les pleins pouvoirs que vous ont donnés les actionnaires. Ah! vous savez aussi en jouer de l'actionnaire. Les pratiques que vous condamnez tant chez les autres pour faire voter des comptes et des actes que le troupeau de Dindenault ne peut apprécier et juger, vous savez aussi les employer.

Eh bien, non, Monsieur, tout ceci n'est pas encore un fait accompli; et si les pauvres niais enthousiastes du 10 avril 1866 le veulent, espérons que vous reviendrez sur cela.

Nous retrouverons en son lieu, si vous le voulez bien, cette assemblée du 10 avril, mais j'espère que votre logique vous aura permis de suivre la démonstration bien simple que je viens de faire, et vous me permettrez de conclure qu'il est bien acquis au débat (excusez ces répétitions) :

1° Que vous êtes, par votre imprudence impardonnable, la première, la seule cause de nos malheurs;

2° Que vous devez à la *Caisse* tout ce que lui a coûté cette malheureuse créance Pontalba qui est votre œuvre.

LE FINANCIER OUTRECUIDANT.

Si la dénonciation Pontalba a été la cause immédiate de notre ruine, il y avait depuis longtemps bien des causes que j'appellerai *médiates* qui l'avaient pour ainsi dire préparée. Je les trouverai et les montrerai dans la suite des affaires de la *Caisse* que je vais faire passer sous vos yeux.

Mais, avant d'entrer complètement dans mon sujet, permettez-moi, Monsieur, de vous signaler une de ces causes médiates, toute morale, qui a beaucoup aidé à notre ruine.

C'est l'hostilité générale de tout le monde financier contre vous. Elle était due à l'abus que vous faisiez de l'importance de votre personnalité que j'ai entendu qualifier plus d'une fois d'outrecuidante. — Excusez-moi, je répète. — Je ne saurais dire jusqu'à quel point cela était mérité ni quels faits vous l'avaient valu, toujours est-il que, si vous avez trouvé des sympathies, ce n'est certes pas parmi vos confrères, grands ou petits, de la finance et de la bourse. Quand l'hostilité est si générale il faut qu'elle ait des raisons d'être.

Excusez ces considérations trop personnelles, mais elles sont dans mon sujet. Quand on gère les intérêts de milliers de familles, on n'a pas le droit d'attirer contre soi des inimitiés qui, à un moment donné, peuvent mettre en péril ces intérêts. D'ailleurs, si vous vous étonniez trop des termes que j'emploie, je vous prierais de vous reporter à vos propres jugements sur le caractère de financiers importants. Vous y trouveriez des mots comme ceux-ci : fol orgueil, aveuglement de la haine, rage de l'impuisance, calomnies odieuses, duplicité, diffamation etc., etc. J'en passe et de pires.

LE FINANCIER MONOPOLISEUR DE LA PUBLICITÉ.

Je ne vous rappellerai pas, Monsieur, vos débuts, si modestes, qu'en 1842 ou 43 vous considériez comme un *immense bienfait* le prêt de 2000 francs que vous firent les frères Pereire; et il m'importerait même fort peu la façon dont vous les avez remerciés depuis, si vous n'aviez, par vos diatribes, intéressé ces financiers à vous être hostiles et par conséquent à nuire aux intérêts de vos actionnaires.

Je ne répéterai pas non plus l'histoire, pourtant intéressante, de l'achat que vous fîtes, en 1848, du *Journal des Chemins de fer*, et des circonstances curieuses qui en accompagnèrent le paiement. Ce sont bruits de bourse qui ne nous intéressent pas.

En 1848 donc, vous achetez, pour un prix infime, presque grotesque, dit-on, ce *Journal des Chemins de fer* et sa clientèle. Jusqu'alors, on n'avait pas compris tout le parti qu'on pouvait tirer, au point de vue financier, d'un organe de publicité. Vous l'aviez deviné, et, sous votre direction, ce journal prit une importance réelle. Vous introduisîtes une nouvelle manière d'apprécier les grandes Sociétés, et votre feuille servit de modèle à toutes celles qui, depuis, se sont fondées dans un but de parasitisme.

Vous pouvez vous en féliciter, Monsieur, mais je ne sais si le public doit vous en remercier, et si la presse de tout ordre doit vous en être reconnaissante.

Ce premier succès vous encouragea. Nous verrons, en effet, par la suite, que votre plus grande préoccupation fut, depuis, d'accaparer et même de monopoliser la publicité de la presse. C'est dans ce but que vous achetâtes, en 1852, le *Constitunionel* et le *Pays*; c'est dans ce but que votre associé Solar devint un des principaux actionnaires de la *Presse*, et que vous vous entendîtes avec les propriétaires des *Débats* et du *Siècle* pour exercer, sur les bulletins financiers de ces journaux, les plus importants et presque les seuls alors, une *surveillance* qui, selon vous, devait préserver le public de réclames dangereuses, mais qui fût autrement appréciée par d'autres.

La situation fut même trouvée si grave, qu'une enquête sur ces faits fut ordonnée par le ministre de l'intérieur. Treize ans plus tard, dans la *Presse* du 25 novembre 1867, vous avez bien voulu expliquer au public quel était votre but alors. Je vous laisse la parole.

« Je voulus, dites-vous, mettre un terme à ce fu-
» neste état de choses, et je m'entendis avec les

» propriétaires et directeurs de la *Presse*, des *Dé-*
» *bats* et du *Siècle*, pour interdire, dans les feuil-
» letons financiers, l'exposé et l'éloge des affaires
» nouvelles, tant qu'elles n'auraient pas été sou-
» mises à un contrôle ou examen par la chambre
» syndicale des agents de change, et tant qu'elles
» ne seraient pas admises à la cote officielle;
» c'est-à-dire avant qu'une autorisation spéciale
» eût donné une espèce de garantie qui couvrît,
» dans une certaine mesure, la sincérité de la
» publicité.

» Les observations que je fis aux directeurs des
» journaux ayant été agréées, des ordres furent
» en conséquence donnés aux rédacteurs des feuil-
» letons financiers, pour qu'ils eussent à l'avenir
» à se conformer aux recommandations qui leur
» étaient faites.

» On ne saurait croire aujourd'hui à la violence
» des colères que soulevèrent ces simples me-
» sures protectrices et indispensables pour la sé-
» curité des journaux; mesures si sages au point
» de vue de l'intérêt public.

» Le but que je poursuivais, ayant été mal com-
» pris des administrateurs dirigeant le *Crédit*
» *mobilier*, MM. Benoit Fould et Emile Pereire,
» signalèrent mes démarches au gouvernement;
» ils prétendaient que je voulais, en monopoli-
» sant les journaux, exercer une influence pour
» imposer des conditions aux affaires nouvelles. Il
» n'y a pas de suppositions injurieuses qui n'aient
» eu cours. Comme je l'ai dit, ces suppositions al-

» lèrent jusqu'au conseil des ministres, et provo-
» quèrent une enquête.

» Si MM. B. Fould et E. Pereire avaient su que les
» résolutions prises n'atteignaient que les af-
» faires douteuses qui se produisaient sans au-
» cun autre appui qu'une publicité interlope; s'ils
» avaient su qu'elles ne frappaient que des So-
» ciétés suspectes et sans capitaux, loin de s'en
» plaindre, ils se seraient félicités des résolutions
» adoptées, puis qu'elles devaient avoir pour effet
» de moraliser le marché à leur profit. Ces me-
» sures, en effet, ne pouvaient les atteindre, puis-
» que les entreprises de travaux publics, les em-
» prunts des États, villes et départements, et enfin
» les socitétés anonymes, étaient exempts des in-
» terdictions imposées aux feuilletonistes des
» journaux. La crainte ayant faussé leur appré-
» ciation, leur réclamation suivit son cours.

» M. Latour-du-Moulin, en sa qualité de directeur
» de la Presse, fit appeler tous les rédacteurs
» financiers, *et tous, comme un seul homme, me*
» *signalèrent comme un accapareur de publicité,*
» *qui ne la voulait que pour lui, pour ses propres*
» *affaires et à son profit.* »

Le public appréciera vos raisons; il se demandera s'il est possible qu'un homme soit déclaré indigne du rôle de journaliste par l'unanimité de ses confrères, sans une raison quelconque. Je me contenterai de faire remarquer que, quand on possède l'omnipotence, l'abus est toujours à côté de la force, et que la liberté est le meilleur et le seul remède au mal que vous signaliez.

Un fait presque puéril dira ce que vous pensiez alors de l'importance de la publicité. Quand vous constituâtes le *Constitutionnel* et le *Pays*, en Société, vous fîtes apport du droit de donner à ce dernier journal le sous titre de *Journal de l'Empire* ! Les lecteurs pourront sourire en pensant à la valeur de ce supplément d'apport, mais vous, Monsieur, vous agîtes en homme d'affaires, qui ne sourit pas, et, en échange de ce précieux avantage, vous stipulâtes que la *Société des journaux réunis*, insérerait gratuitement les réclames et annonces relatives aux affaires en cours d'exécution, ou à entreprendre par la maison de banque Mirès et Ce. Je ne sais combien coûtait ce brillant sous-titre, mais il vous a rapporté une économie de quelques dizaines de mille francs par an, jusqu'au moment où vous en fîtes l'objet d'un apport nouveau à la *Caisse générale des chemins de fer*, ce que, certainement, vous n'avez pas fait gratuitement, car, ainsi que nous le verrons, vous savez apprécier les majorations.

CRÉATION ET LIQUIDATION DE LA CAISSE DES ACTIONS RÉUNIES.

Maintenant, Monsieur, nous allons suivre année par année, et affaire par affaire, l'étonnante carrière de financier que vous avez parcourue, vous appuyant sur deux choses, sur deux principes, devrais-je dire : votre foi en la publicité, et votre prédilection pour les majorations.

De 1848 à 1850, vous exploitez avec vos nouvelles façons d'agir, le ***Journal des Chemins de fer.***

En 1850, vous fondez la *Caisse des actions réunies*, au capital de cinq millions de francs, et vous lui faites apport de votre journal et de sa clientèle.— A quel prix évaluez-vous cet apport? Je m'en inquiète peu, cela n'étant d'aucun intérêt, mais permettez-moi de croire que vous l'avez fortement majoré, vu le prix qu'il vous avait coûté deux ans plus tôt. — Evidemment, en deux ans, il avait bien gagné les quelques centaines de mille francs que vous vous l'êtes fait payer.

Pendant trois ans que la *Caisse des actions réunies* a fonctionné sous votre direction, elle a donné une moyenne de 32 p. 100 par an de revenu, ce dont je vous félicite. En 1853, vous la liquidez en remboursant intégralement les actions. C'est bien !

En vous retirant, vous aidez à fonder la Société sous le titre *Caisse et journal des Chemins de fer*, avec MM. Ad. Blaise et Solar pour gérants. Ici nous pouvons apprécier ce qu'a gagné en vos mains depuis cinq ans le journal. En effet, il est évalué à cette date à 1,030,000 francs, chiffre raisonnable, s'il est vrai qu'il vous ait coûté si peu qu'on le dit.

SOCIÉTÉ DES JOURNAUX-RÉUNIS.

CURIEUX APPORT.

Pour procéder par ordre chronologique, je dois ici placer la création de la *Société des journaux réunis*.

L'acte de constitution sous la forme de commandite, et avec la raison sociale *Mirès et Cie*, est du 30 novembre 1852.

Le conseil de surveillance fut d'abord composé de MM. Chevreau père, général Husson, Josson, baron de Veaucé et Vernois.

La durée de la Société est de soixante années à partir du 15 novembre 1852, et elle a pour but l'exploitation des deux journaux le *Constitutionnel* et le *Pays, journal de l'Empire*.

Ici, voulez-vous me permettre une question peut-être indiscrète ? Est-il vrai que le titre de la Société ait été choisi par vous, comme on l'a dit, pour qu'il n'eut pas besoin d'être changé, quand vous lui auriez apporté l'exploitation de tous les autres journaux existants que vous aviez l'intention d'acheter successivement?

En ce cas, l'idée était immense comme résultat si elle eut été réalisée — immense pour vous bien entendu, — mais pour les autres, pour le public, et la moralité générale? on frémit à y songer.

Ah! Monsieur, vous blâmez l'exclusivisme des financiers de l'École Saint Simonienne, mais qu'est-il auprès de cela? Quoi! toute la presse, la politique, la littérature journaliste de la France dans la main d'un homme, d'un financier, et de quel financier! Cela se passe de commentaires.

Vous aviez acheté séparément les deux journaux. L'un, très-obéré, vous fut vendu, dit-on, à charge par vous d'accepter son passif peu élevé. L'autre vous fut abandonné, à cause de la crise politique qu'on venait de traverser, pour un prix relativement bas.

Vous constituâtes le fonds social : 1° de l'apport de ces deux journaux; 2° d'une somme de 300 mille francs en espèces destinée à servir de fonds de roulement; 3° *du bénéfice résultant du droit de donner au* **Pays** *le titre et le sous-titre de Journal de l'Empire!*

Soyons juste, les deux premiers apports vous ne les fîtes pas payer trop cher, à peine 3 millions, divisés en 6,000 actions de 500 francs chacune; et je ne commettrai pas l'indiscrétion de vous demander de combien vous aviez majoré le prix d'achat. Mais le troisième apport, le sous-titre, avouez que vous l'avez donné pour une misère.

pour rien: le droit perpétuel de faire patronner vos affaires présentes et à venir dans ces journaux et d'y publier gratuitement des annonces.

Il est vrai que vous vous étiez réservé comme gérant 5 0/0 des bénéfices.

Voici le cours des actions et leur revenu ?

	Plus haut.	Plus bas.	Revenu.
En 1853	510	500	45
1854	510	500	45
1855	510	500	75
1856	510	500	62
1866	—	—	5
1867	—	—	0

Aujourd'hui le *Constitutionnel* et le *Pays, journal de l'Empire*, en sont réduits à faire des économies pour ne pas faire d'appels de fonds !

ANNULATIONS DE PRÊTS CONSENTIS AU CRÉDIT FONCIER.

Je ne citerai que pour mémoire le prêt pour 50 ans de 48 millions à 4 1/2 0/0 que vous avez consenti en 1853 aux Sociétés de Crédit foncier de Marseille et de Nevers. La souscription ouverte en septembre fut arrêtée, selon vous, par l'influence de jaloux, au moment où elle marchait à merveille et, selon d'autres, parce que l'insuccès de ladite souscription allait compromettre le crédit de ces deux Sociétés provinciales.

Où est la vérité ?

Les mêmes motifs ont fait annuler votre projet de traité avec le *Crédit foncier de France* en 1854 pour la souscription à 150 millions d'obligations avec lots.

FONDATION DE LA SOCIÉTÉ : CAISSE ET JOURNAL DES CHEMINS DE FER. — STATUTS RÉVISÉS.

En 1853, la *Caisse des actions réunies* était devenue, sous la gérance de M. Ad. Blaise et avec un conseil de surveillance, la Société *Caisse et Journal des Chemins de fer,* au capital de 12 millions de francs, divisé en 24,000 actions. Elle fut constituée en commandite par acte du 15 juin 1853.

En 1854, vous succédâtes à M. Ad. Blaise comme gérant, avec M. Solar pour co-gérant, mais, seul, vous aviez la signature sociale.

Le conseil de surveillance était composé des hommes que nous retrouverons dans toutes les affaires diverses que vous fonderez, ports ou hauts-fourneaux, mines ou chemins de fer, ce qui prouve de leur part une compétence générale.

Ce sont MM. le baron de Chassepot, baron de Pontalba, comte de Poret, vicomte Alfred de Richemont, comte Siméon.

4

La durée de la Société était fixée à 30 ans et 6 mois, à dater du 1er juillet 1853.

Les statuts furent modifiés par actes des 4 février et 12 juin 1856 et, dès lors, la Société prit le titre de *Caisse générale des chemins de fer*. Le capital, par ces modifications, fut porté à 50 millions à partir du 1er juillet 1856.

Vous m'excuserez, Monsieur, si je relate toutes ces choses que vous savez mieux que moi, mais, en écrivant pour vous, j'écris en même temps pour mes co-actionnaires ; et vous savez les actionnaires...

Les opérations de la Société étaient multiples et diverses. Elles consistaient :

1° A souscrire ou acquérir des effets publics, des actions ou obligations, dans les différentes entreprises industrielles ou de crédit constituées en Sociétés anonymes, et notamment dans toutes les Sociétés de chemins de fer, de canaux, de mines et autres, commerciales ou civiles, déjà fondées ou à fonder; 2° à émettre, pour une somme égale au capital social, ses propres obligations; 3° à vendre, ou donner, en nantissement et emprunts, tous effets, actions ou obligations acquis, et à les échanger contre d'autres valeurs; 4° à soumissionner tous emprunts, soit en France, soit à l'étranger, à les céder ou réaliser, à soumissionner toutes entreprises de travaux publics; 5° à prêter sur effets publics, sur dépôt d'actions ou d'obligations, et à ouvrir des crédits et comptes courants sur dépôt de ces diverses valeurs; 6° à recevoir des sommes en compte courant; 7° à opérer tous recouvrements pour le compte des Compagnies sus-énoncées, à payer leurs coupons d'intérêt et de dividende; 8° à tenir une caisse de dépôt pour tous les titres de ces entreprises; 9° à faire toutes opérations de banque et de finance; 10° enfin à continuer la publication du *Journal des Chemins de fer*.

On le voit, *la Caisse générale des chemins de fer* était un Crédit mobilier, moins les garanties qu'offre la forme anonyme, telles que, contrôle de l'Etat, dépôt de bilans semestriels au greffe, conseil d'administration nommé par les actionnaires, etc., etc.

Pour l'administration voici ce qui ressort des statuts :

La Société est administrée par un Conseil de gérance composé de six membres au plus et de deux membres au moins. Les deux membres qui font partie de droit du Conseil, sont MM. Mirès et Solar.— Il a été, par les statuts, réservé à M. Mirès *le droit de désigner les quatre autres membres*. Le Conseil de gérance a les pouvoirs les plus étendus pour l'administration de la Société. — M. Mirès seul a de droit la signature sociale; d'autres membres ne peuvent l'avoir qu'en vertu d'une décision spéciale du Conseil de surveillance.

Certes, Monsieur, vous vous étiez fait la part belle et vous étiez bien le maître et le seul maître. Nous allons voir comment vous avez usé de votre autorité.

Passons au fonds social. Il se divisait en 100,000 actions de 500 francs chacune et comprenait : 1° un capital de 12 millions ; — 2° les apports faits par vous dans l'acte de constitution de la Société, savoir : premièrement la propriété et la clientèle du *Journal des Chemins de fer*, ensemble les collections existantes, etc. ; deuxièmement la clientèle et les relations de banque déjà établies par vous pour la vente, l'achat, la commission des valeurs publiques françaises et étrangères, des parts, actions et obligations de chemins de fer et de toutes Sociétés ou Compagnies industrielles ; troisièmement le droit résultant d'un acte passé devant Mᵉ Gouait et son collègue, notaires à Paris, le 8 octobre 1852, pour la publication *gratuite* d'annonces et articles industriels dans les journaux le *Constitutionnel* et le *Pays* ; 3° la propriété de l'*Hôtel de Paris*, situé 99, rue Richelieu, acquis au prix de 1,050,000 fr. pour le compte de la Compagnie, à l'effet d'y établir le siége social ; 4° enfin toutes les affaires et obligations en cours d'exécution et toutes les valeurs sociales.

Vous n'aviez pas oublié le prix que vous aviez imposé à la *Société des journaux réunis* pour le *fameux* sous-titre du journal le *Pays*.

Je ne puis préciser à quel chiffre vous l'avez évalué dans votre apport et je le regrette. Il serait curieux de savoir ce que vaut un sous-titre après tant de tribulations et probablement de majorations.

Quant au *Journal des Chemins de fer*, il figure à l'actif pour 1,030,000 fr.

PARTICIPATION DE LA CAISSE A DIVERSES ÉMISSIONS.

En 1855 vous fîtes participer la *Caisse* et malheureusement aussi les actionnaires à deux affaires: l'émission des actions des *terrains des Champs-Elysées,* et l'émission des actions de la *Compagnie des voitures de Paris.* Les actions de cette dernière, émises à 100 francs, ne tardèrent pas à tomber au-dessous; et, aujourd'hui, l'action de 500 fr. (5 actions anciennes ont été échangées dernièrement contre une nouvelle) est cotée de 230 à 240. Quant aux dividendes, il y a longtemps qu'il n'y en a plus.

Si je vous parle de cette affaire mauvaise, c'est que je tiens à constater une innovation qui doit être due à votre génie novateur. D'après les statuts, cinq administrateurs dirigeaient la Société et recevaient, outre 5 0[0 de bénéfices douteux, chacun 12,000 fr. d'appointements annuels.

Les cinq premiers administrateurs gérants furent : MM. Arnoux, Barbier de Sainte-Marie, Bary, Ed. Caillard et *Gibiat*. — Il y a certainement de vos amis. — C'est à eux que les actionnaires doivent la confection du traité avec la Ville de Paris, traité qui les obligeait à acheter les numéros des voitures existant au prix de 7,500 et de 6,500 l'un, plus le matériel des loueurs, et qui élevait la redevance annuelle de chaque voiture à la ville, de 180 fr. à 365 fr., exactement le double.

J'oubliais de rappeler qu'en 1854, par acte du 1er novembre, vous aviez formé une Société en commandite sous le titre : *Compagnie du chemin de fer et des houillères de Portes et Sénéchas*. Le capital était représenté par 24,000 actions donnant droit à 1/24,000e dans la propriété.

Les cinq membres de votre Conseil de surveillance de la *Caisse* et M. A. Burat étaient les administrateurs de la Compagnie dont vous étiez gérant.

L'anonymat fut accordé à cette société en 1859.

Ces affaires vous avaient permis de distribuer aux actionnaires de la *Caisse* les dividendes suivants :

	Intérêts.	Dividende.	Revenu.
1853 (six mois)................	10	20	30
1854 (un an)................	25	44	69
1855 (un an)................	25	54 90	79 90

malgré cela, les actions ne variaient guère de 495 à 510 aux mêmes époques, ce qui prouvait une certaine méfiance de la part du public.

FIÈVRE D'ACTIVITÉ. — AUGMENTATION DU CAPITAL DE LA CAISSE. — AGIOTAGE EFFRÉNÉ PROUVÉ PAR LES COURS.

C'est surtout en 1856 que votre activité se donne carrière. Pendant cette année, l'importance des capitaux que vous engagez dans de nouvelles affaires, s'élève à près d'un demi milliard.

C'est d'abord l'augmentation du capital de la caisse porté de 12 millions à 50 millions le 1er juillet 1856,

Puis la Société du gaz de Marseille,

La Société des ports de Marseille,

La Société des chemins de fer romains,

Enfin l'emprunt espagnol de 300 millions de réaux, près de 80 millions de francs.

Nous allons, si vous le voulez, examiner ensemble chacune de ces Sociétés ou émissions.

L'augmentation du capital de la *Caisse* s'explique facilement par l'importance des nouvelles affaires en voie de préparation. Ce qui s'explique plus dificilement, ce sont les fluctuations des actions de la *Caisse* pendant cette année 1856. Nos actions n'avaient à cette époque rien à envier à celles du *Crédit mobilier*.

Vous en jugerez par le tableau suivant qui me paraît très-instructif.

1856.	Plus haut.	Plus bas.
Janvier	510	»
Mars	640	500
Avril	640	580
Mai	**900**	**575**
Juin	**820**	**530**
Juillet	620	505
Août	555	535
Septembre	530	500
Octobre	505	500
Décembre	620	505

Que penseriez-vous, Monsieur, d'un financier qui laisserait monter les actions d'une Société à 900 fr. en mai, quand il sait qu'il doit émettre, deux mois plus tard, le triple des actions sur le marché, — quand il a décidé, dans son omnipotence, que le capital serait quadruplé?

J'ignore, Monsieur, qui a fait à ce moment les opérations de jeu sur les actions de la *Caisse*, mais ce que j'affirme, c'est que les cours du 1er semestre 1856 indiquent un agiotage effréné et d'autant plus facile que les actions, alors, n'étaient qu'au nombre de 24,000 et dans très peu de mains.

Il ne faut pas être bien perspicace pour deviner tout le parti que des gens habiles peuvent tirer d'un revenu à toucher de 79,90 ajouté à l'annonce de nouvelles affaires très-lucratives pour l'exercice suivant. Evidemment il y a là de quoi faire monter les actions à 1,000 fr., si le quadruplement du capital ne devait pas le faire tomber quelques jours plus tard au pair.

Quand, au mois de mai, les actions furent cotées 900 fr., laissez-moi croire, Monsieur, que vous ignoriez encore la nécessité de porter en juin le capital de la Caisse à 50 millions.

Cette augmentation du capital fut, du reste, à mon point de vue, très-préjudiciable à la *Caisse*. En effet, malgré les grandes affaires que vous entreprîtes, les actions ne tardèrent pas à perdre le pair, et l'on vît, chose singulière, une Société dont le capital était ou paraissait intact, et qui donnait pour le dernier exercice un revenu de 71,40, c'est-à-dire 14 1/4 0/0, ne pouvoir maintenir ses actions au prix d'émission.

Voici quelques cours de la *Caisse* en 1857 :

Au 1er mai, à la veille de recevoir 46 fr. 40 de dividende, elles valent pour le public 465 ;

Au 1er octobre de la même année, on les paie 367 fr. 50.

Enfin, à la fin de décembre, elles se cotent 390.

Vous, Monsieur, pour qui la science de la bourse n'a pas de secret, vous, qui avez l'instinct des choses de la finance, pourriez-vous me donner la raison de ce fait anormal ?

Quoi, voilà des actionnaires, vos chers actionnaires! qui reçoivent 14 1/4 p. 100 de leur argent en cette année de confiance 1857, et ils évaluent leurs actions à 367 50 ! Et vous, directeur de la *Caisse*, au capital de 50 millions, vous ne trouvez pas, dans les immenses ressources de votre portefeuille et de votre esprit, les moyens de rassurer ces braves gens !

Je vais vous dire, Monsieur, ce qui, suivant mon expérience encore bien novice, a été cause de ce fait presqu'inexplicable.

D'abord, Monsieur, et agréez de ce qui suit mes excuses à l'avance, malgré toutes vos affaires importantes, et malgré les énormes capitaux dont vous disposiez, je vous le dis sincèrement, le public boursier ou bourgeois, l'argent, en un mot, n'a jamais pu vous prendre au sérieux ni vous ni vos pratiques financières. L'activité fébrile et inquiète que vous déployiez n'a jamais su forcer la confiance; et, si vous avez eu quelques admirateurs et quelques dévoués, c'est parmi les gens de la petite épargne, vers lesquels vous vous êtes tourné faute de mieux et que vous en avez récompensés à votre façon.

D'ailleurs, Monsieur, le bilan au 31 décembre 1856, que vous avez lu à l'assemblée du 25 avril 1857, n'était pas fait, avouez-le, pour vous attirer les fonds des gens expérimentés.

UN BILAN FANTAISISTE. — EXPLICATIONS.

J'ai trop profité de vos leçons pour ne point savoir qu'on fait dire à un bilan tout ce qu'on veut qu'il dise. Vous m'avez appris à lire entre les lignes par vos critiques des Sociétés que vous poursuivez depuis des années de votre implacable haine; et, si vous le voulez, nous allons ensemble chercher le sens des interlignes du bilan de la *Caisse*, au 31 décembre 1857.

Le voici :

ACTIF.

En caisse, en banque à Paris et Marseille.....		7.502.657 53
Rentes, actions, obligations, valeurs diverses......................	33.417.762 95	35.234.693 85
Effets à recevoir...........	1.816.930 90	
Immeubles................................		2.660.858 70
Propriété, clientèle et cautionnement du journal....................................		1.030.000 »
Comptes courants, BALANCE AU DÉBIT.......		17.218.882 02
Total........................		63.647.092 10

PASSIF.

Capital social		50.000.000 »
Fonds de réserve immobilière..	174.094 25	587.488 69
Réserve statutaire	413.394 44	
Effets à payer au 31 décembre		6.279.295 50
Economat frais		8.339 15
Dividendes et Intérêts à payer		5.751.412 80
Attribution statutaire à la gérance		1.030.553 96
		63.647.092 10

Ah ! Monsieur, vous qui savez si bien ce que doit être un bilan sincère, un bilan qui donne la situation nette, comment avez-vous pu en publier un semblable ?

Étudions-le :

Au passif, nous trouvons les quatre derniers articles exigibles immédiatement, soit 13 millions ; et, pour payer cela, à l'actif, 7 millions et demi en caisse, deux millions d'effets, soit 9 millions, et quoi encore ? 33 millions et demi sous la rubrique, rentes, ACTIONS, *obligations* et VALEURS DIVERSES.

Ah ! le bon billet qu'a la Châtre, et comme vos actionnaires sont bien instruits. Combien aviez-vous en rentes, et quelles rentes ? Sont-ce des rentes françaises ; est-ce un reliquat non placé de rentes espagnoles ? Enfin, qu'est-ce que ces valeurs diverses qui ne sont ni des rentes, ni des actions, ni des obligations, et que vous englobez avec elles ? Sont-elles réalisables ? Et ces actions, et ces obligations, sais-je si vous pouvez vous en défaire sans péril pour leur crédit et le nôtre ?

J'arrive au plus fort : les *comptes-courants*, BALANCE AU DÉBIT. Certes, le financier qui a trouvé cette façon de compenser le livre des comptes-courants était un homme de génie, mais vous, Monsieur, vous qui n'avez pas eu de mots assez durs pour qualifier cette manière d'esquiver une explication, comment la pratiquez-vous?

Si je n'écrivais que pour vous, Monsieur, je m'arrêterais là ; nous nous sommes compris. Mais j'écris aussi pour vos naïfs actionnaires; et je ne mettrai jamais assez de points sur les I. Je dois leur expliquer ce que *peut* signifier cette balance générale des comptes-courants.

Or donc, mes bons amis, vous savez que dans tout négoce qui ne se fait pas rigoureusement au comptant, il y a des gens à qui l'on doit et des gens qui vous doivent. Mais, si le négociant est toujours sûr d'avoir à payer ce qu'il doit aux autres et cela à première réquisition ou à échéance fixe, et sous peine de faillite, il n'est pas aussi certain de rentrer à sa volonté dans ses créances et il doit pourvoir à ses besoins en dehors d'elles. Donc, s'il veut avoir sa situation exacte il se dira : Je dois tant et il m'est dû tant. Par exemple, je dois 3,000 francs et il m'en est dû 6,000. Il mettra à son actif cette dernière somme, et à son passif la première. Que penseriez-vous de lui, si, faisant la balance de ses dettes, sans s'inquiéter de la différence du *tenir* et du *voir venir*, il négligeait de se rendre compte de ses engagements personnels et il concluait: Bon ! il m'est dû 6,000 francs, je puis dormir tranquille. Évidemment vous diriez de lui : voilà un homme bien imprudent et qui connaît bien peu les débiteurs et les affaires.

Eh bien, M. Mirès en agit ainsi avec nous. Il nous dit : — les comptes-courants balancés ensemble se soldent par 17 millions au débit. — Mais il se garde bien de nous dire : — la *Caisse* doit en comptes-courants telle somme qui est exigible sur l'heure, et il lui est dû aussi, en comptes-courants, telle autre somme, qui serait certes plus longue à faire rentrer. — En sorte que la *Caisse* pourrait être débitrice de 100 millions et créditrice de 117 millions, ce qui serait une situation désastreuse sans que nous autres, pauvres actionnaires, nous nous en doutions.

Nous savons seulement qu'il nous est dû 17 millions de plus que nous ne devons, et voilà ! M. Mirès est déjà bien complaisant de nous en dire autant ! Pourquoi M. Mirès nous dirait-il aussi ce que les Pontalba nous ont pris et ne nous rendront jamais ? Il faudra que nous attendions la ruine pour que M. Mirès confesse que le compte-courant Pontalba nous coûte 2,500,000 francs en capital, intérêts et frais ; que les créances abandonnées par les liquidateurs comme mauvaises s'élèvent à 6 ou 7 millions ; et enfin, que les créances reconnues douteuses par M. Mirès lui-même, depuis l'assemblée du 10 avril 1866, s'élèvent à 1,244,811 fr. 74, ainsi qu'il résulte de sa lettre du 5 juin dernier.

Voilà, mes bons amis, ce que c'est que les comptes courants, et comment on nous instruit de nos affaires..... quand on ne peut plus faire autrement.

Il faut s'instruire mutuellement, Monsieur. Vous avez fait mon éducation d'actionnaire; j'essaie de payer à mes co-intéressés la dette que j'ai contractée avec vous. J'espère donc que vous me pardonnerez cette petite leçon élémentaire.

Votre façon de rédiger les bilans, jointe aux autres causes de méfiance que j'ai signalées, expliquent suffisamment la dépréciation de vos actions. En 1858, quoique le capital fût ou parût intact, nous les trouvons à 277 50. En 1859, elles tombent à 147 50; en 1860, elles rebondissent à 225, et le capital était toujours intact... au bilan!

Enfin, en 1861, après votre arrestation, on les voit à 36 25. *Sic transit gloria mundi!*

Vous voudrez bien remarquer, monsieur, que je ne me sers que des documents les plus vulgaires et les plus anodins; de ceux que vous avez fournis vous-même. Quant aux rapports de l'expert Monginot et à celui de l'arbitre Riollet, je ne veux pas m'en servir, pour éviter les crises nerveuses que les noms seuls de ces deux hommes déterminent chez vous. J'y renvoie les trop curieux, et je vous prie de constater mon impartialité.

EMPRUNT ESPAGNOL. — PRÉTENDU SUCCÈS QUI A MIS LA CAISSE A DEUX DOIGTS DE LA FAILLITE.

Je reviendrai plus tard à la *Caisse* qui est votre grosse affaire; mais je dois étudier toutes celles que vous avez faites avec son concours.

Je trouve d'abord l'emprunt espagnol de 300 millions de réaux devellon effectifs (vous aimez à dire l'emprunt nominal de 800 millions de réaux, mais c'est la même chose), soit 78 millions de francs. Consenti par vous à 38 06 en 3 p. 100 extérieur, vous dûtes, après avoir vainement tenté d'y intéresser divers banquiers, entre autres M. de Rothschild, l'émettre seul; et, pour en assurer le placement, fixer le taux d'émission à 38 56, soit avec 50 centimes de commission, à peine les frais.

Malgré le bon marché réel de cette valeur, vous ne pûtes en placer que pour 48 millions de francs, et vous dûtes céder le solde de 120 millions de réaux à un financier que nous verrons plus tard mêlé à vos affaires à l'étranger.

L'hostilité des financiers français contre vous, fit que l'emprunt espagnol fut, pour la *Caisse*, une affaire très-mauvaise. Cela aurait dû vous faire réfléchir sur les conséquences d'un isolement qui ne pouvait être sans causes.

Nous avons su plus tard, au moment de votre procès, que cet emprunt, dont vous vantez encore le succès, nous conduisit à deux doigts de la faillite; et que, pour payer les dernières échéances, vous dûtes tromper la surveillance de votre conseil et prendre des actions du portefeuille qui ont longtemps figuré au bilan, quoique non réintégrées.

C'est peut-être déjà à cette époque que remonte la visite inattendue d'un financier chez un ami qui habitait une campagne près de Madrid (au bois de Boulogne et non en Espagne). Ce financier avait besoin d'épancher ses terreurs devant quelqu'un; et là, pendant que tout Paris retentissait du bruit de ses orgueilleuses et folles manœuvres, il se prit les cheveux en pleurant à chaudes larmes, et avoua à son ami que, depuis plusieurs mois, il ne savait plus comment faire face à ses échéances.

CRÉATION DES CHEMINS ROMAINS.

Cependant les lauriers de MM. Pereire et Rothschild vous empêchaient de dormir. Vous vous dîtes que vous aussi vous auriez votre petit chemin de fer étranger, et que, tout comme un autre, vous sauriez cultiver la prime. A ce moment, le duc de Rianzarès, mari de la reine Christine, un quasi-souverain qui s'occupe d'affaires diverses, venait d'obtenir, avec M. Antonelli, directeur de la Banque pontificale, et M. de Casavaldès, la concession de diverses lignes dans les États du Pape. Les concessionnaires étaient des mieux placés pour obtenir des conditions avantageuses, d'ailleurs le Saint-Père n'est pas très retors sur les chiffres, l'affaire était donc primitivement excellente.

Pour gagner du temps, je glisse ici sur la participation Manzi à cette affaire qui vous fut cédée Mais sous quelles fourches dûtes-vous passer? D'abord vous dûtes accepter un entrepreneur général des travaux, et quel entrepreneur général?

Cependant, Monsieur, avec un peu.... comment dirai-je?.... les chemins romains eussent pu être une affaire relativement bonne.

Il avait d'abord été concédé 744 kilomètres avec des garanties d'intérêt qui s'élevaient à 12,120,000 francs, soit environ 6 p. 100 du capital probable. Plus tard il fut concédé l'embranchement de Ravenne, avec une subvention de 500 mille francs. Enfin, depuis votre procès, suivant les habitudes que vous reprochez tant à vos confrères, par de nouvelles concessions ou fusions, les chemins romains ont embrassé un réseau de 2200 kilomètres environ, et non de 4000 comme vous le dites dans la *Presse* du 19 août 1867.

Ces nouvelles concessions ou fusions, ont été obtenues et demandées par quelques hommes qui étaient dans la plupart de vos affaires, et qui sont restés intéressés aux Romains après votre chute. Je ne vous ferai pas responsable de leurs actes depuis, mais je vous adresserai quelques questions sur les faits qui ont présidé à l'émission du capital, et sur le cours des actions.

Le capital action était fixé à 85 millions et le capital obligation à 90.

Ne sachant probablement comment appliquer à cette affaire le principe des majorations que vous avez poussé à ses dernières limites et qui a été la base de votre énorme fortune, par une invention bien digne de votre génie vous tournâtes la difficulté. Par un traité, en date du 4 août 1856, vous prîtes, à votre charge, quelques dépenses, telles que :

Le remboursement des frais des études,

Les commissions qui revenaient à la *Caisse*,

Les frais d'administration de la Société jusqu'à l'achèvement des travaux,

Enfin, les intérêts d'une partie du capital. Et vous vous adjugeâtes, à forfait, la modeste somme de 35 millions de francs, c'est-à-dire le CINQUIÈME du capital social actions et obligations, et la MOITIÉ du seul capital actions !!

C'était le pendant du fameux traité à forfait pour l'entreprise générale des travaux. Entrepreneur et banquier ne se devaient rien.

En effet, ce même traité du 4 août 1856 concédait l'entreprise générale à forfait à 140 millions, et ce, pendant que MM. Brassey et Ce, de Londres, à qui on avait promis la préférence pour prix de leur retraite comme aspirants concessionnaires des chemins, offraient de le construire pour 123 millions, ainsi qu'il résulte des débats du procès intenté à la société par MM. Jackson et Ce, ce que la société convint être un prix encore trop élevé ; etc.

Il y eut ainsi deux forfaits dans un seul traité. — Ceci soit dit sans jeu de mots, la langue française ayant vraiment des homonymies malheureuses. — Deux forfaits qui vous assuraient, à vous et à l'entrepreneur général, d'assez jolis petits bénéfices.

Mais les actionnaires? Oh! ceux-ci, c'est bien

différent; et nous allons tout à l'heure avoir une preuve de plus de votre touchante sollicitude pour leurs chers intérêts qui, répétez-vous avec une naïve simplicité, sont les vôtres.

Oui, sont les vôtres surtout, c'est vrai.

Sur les 170,000 actions, 105 mille seulement furent offertes au public à 510 fr., ces 10 fr., sans doute, pour vous couvrir des frais de commission que vous deviez payer à la *Caisse* sur les 35 millions réservés par vous. Sur ces 105,000 actions, cela ajoutait 1 million 50,000 fr. Ce n'était pas à dédaigner. Vous ouvrîtes la souscription dans vos bureaux, promettant de répartir les titres au prorata des demandes. C'était bien.

Mais voilà que des gens que vous ne connaissez pas, des malintentionnés sans doute, des insolvables, comme vous l'avez fait plaider devant le Tribunal de commerce, se permettent de venir vous apporter de l'argent, l'un, 10,000 fr. pour 400 actions; un autre, 12,500 pour 500 actions, le premier versement étant de 25 fr. Ils n'étaient déjà pas si insolvables!

Avec la décision qui vous caractérise, vous biffâtes la souscription de ces gens qui, évidemment, voulaient pénétrer dans la bergerie de vos actionnaires comme des loups parmi les agneaux. Il fallut une décision du Tribunal pour vous prouver que vous n'étiez pas au-dessus des lois, et que les traités vous liaient, vous, monsieur Mirès, gérant de tant de Sociétés, comme si vous n'aviez été qu'un simple actionnaire.

Ah ! le coup fut rude pour vous, si j'en crois la lettre amère que vous fîtes insérer dans le *Constitutionnel*, en vertu sans doute du traité qui vous autorisait à y faire des insertions gratuites.

Quoi! vous ne pourriez pas désormais choisir vos actionnaires, vous qui aviez donné tant de preuves de dévoûment à l'Empire? Vous qui étiez propriétaire ou principal actionnaire de quatre grands journaux sur six qui existaient alors?

Non, monsieur, vous ne le pouviez pas, pas plus que vous n'avez pu contraindre la personne honorable qui régla vos différends avec le duc de Rianzarès à accepter de s'asseoir à votre table après la transaction arrêtée. Je ne parle pas de ces différends, parce que des tiers y sont mêlés, qu'il est inutile de faire entrer de suite en scène ; mais vous avez eu, Monsieur, une telle notoriété que tout ce qui vous touche et spécialement l'affaire des chemins romains est bien connu, depuis les actes du Crédit mobilier toscan, jusqu'à ceux de M. Jenty, votre ami, si bien constatés du reste par la correspondance de l'honorable baron d'Asda.

DÉMISSION DU GÉRANT, QUI RESTE PLUS GÉRANT QUE JAMAIS. — TRAIT DE GÉNIE; SYNDICAT DE SES PROPRES ACTIONS.

Le jugement du Tribunal fut un rude coup pour et vous offrîtes votre démission de gérant de la *Caisse*, dans cette fameuse assemblée générale extraordinaire du 10 septembre 1857, qui fut l'une des comédies les mieux jouées de l'époque. Tous les rôles étaient si bien sus que pas un acteur ne manqua la réplique. L'actionnaire même y eut sa tirade; et vous sortîtes de cette séance de démission plus gérant que jamais.

Oh! monsieur, vous qui les aimez tant, auriez-vous pu consentir à vous séparer de vos actionnaires?

Je dis que vous les aimez tant, et je le prouve. Écoutez.

Il avait été versé 25 francs par titre, en souscrivant sur récépissé. Il devait être versé 100 francs à la répartition sur la remise des actions. Les actions faisaient à ce moment une prime de 30 à 40 francs, vous vous dîtes alors que vos actionnaires pouvaient bien n'avoir point la somme; puis vous craignîtes que, tentés par la prime, ces chers amis ne se défissent de leurs titres et vous abandonnassent ainsi. Alors, vous vous jurâtes de les retenir quand même : il vous eût été trop pénible de vous séparer d'eux.

Le cas était difficile; mais quelle difficulté résiste à votre génie?

C'est alors que vous inventâtes le syndicat de vos propres actions, cette invention si heureuse et qui fut si mal jugée. Vous offrîtes aux souscripteurs de faire le premier versement de 100 francs pour leur compte, à la condition qu'ils laissassent leurs titres à la *Caisse* jusqu'au 31 décembre.

Le croirait-on, Monsieur, méconnaissant vos bonnes intentions, on alla jusqu'à dire que cette innovation de syndiquer ses propres valeurs était immorale au premier chef; qu'elle était un moyen pour vous de faire à la Bourse, les titres étant raréfiés, la hausse et la baisse à votre gré; qu'agir ainsi, c'était fausser le marché en annulant l'effet de l'offre et de la demande; qu'enfin, c'était un moyen d'écouler, sans concurrence, les 65,000 actions que vous vous étiez réservées, vous et les administrateurs

Un journal, la *Semaine financière* (*quantum mutatus ab illo!*) insinua même que ce que vous croyiez être une grande habileté était une insigne maladresse, et compromettait l'avenir de la société, puisque, si les titres étaient dans l'intervalle tombés de 25 francs au-dessous du pair, les souscripteurs qui n'avaient versé que cette somme se seraient bien gardés de venir les retirer.

Je crois même qu'ayant attribué à M. de Rothschild et aux banquiers qui gravitaient dans son orbite certaines manœuvres de bourse tendant à faire la baisse sur les actions, il vous fut assez vertement répondu que cela était une odieuse calomnie. Il n'y a pas que vous qui traitez les gens de calomniateurs.

Il est vrai qu'aujourd'hui vous proposez à M. de Rothschild je ne sais quelle union financière, qui me paraît avoir été bien nommée par un journaliste international : *La Société du coin du bois.*

Me permettrez-vous de vous demander aussi comment il se fait qu'après avoir réduit les souscriptions aux actions des Romains, la *Caisse* se trouvait en 1861, au moment de votre arrestation, en possession de 85,000 de ces mêmes actions, si bien placées, selon vous, en 1857?

Enfin, Monsieur, vous rappelerai-je *cette petite supercherie* qui vous fit publier, comme adressée au clergé de l'EUROPE ENTIÈRE, une lettre écrite au nom du Pape par Mgr Milesi aux *autorités* des *États-Pontificaux?*

Vous rappellerai-je la délibération solennelle du conseil d'administration du 7 avril qui « vu la » lettre adressée au CLERGÉ D'EUROPE par Mgr » Milesi, etc., *prolongeait* de dix jours pour MM. » les *ecclésiastiques* la souscription aux actions » des chemins romains. »

Remarquez, Monsieur, que j'appelle cela une supercherie, quoiqu'on l'ait autrement qualifiée.

Je passe sur ces détails et je reviens aux chiffres.

Plus tard, les actions ayant été libérées à 400 fr., il fallut, pour se conformer aux statuts, émettre des actions-obligations, dites actions trentenaires privilégiées, jouissant d'un intérêt fixe de 30 fr. et remboursables en trente ans et à 500 fr. Cette dernière émission se fit à 410 fr., et pour 22,000 actions trentenaires, produisit 9,020,000 francs.

Maintenant, Monsieur, pourriez-vous dire par suite de quelle inexpérience ou de quelle maladresse des intéressés de cette si excellente affaire, suivant vous, les actions qui valurent 580 à l'émission en 1857, tombèrent la même année, c'est-à-dire au commencement des travaux, à 475? Comment et pourquoi, en 1858, elles purent à peine reprendre le pair et faire 515 pendant quelques jours et tombèrent à 390 ensuite. Enfin, pourquoi en 1859, alors que la *Caisse* était florissante, ces mêmes actions, qui avaient une garantie d'intérêt de 6 p. 100, varièrent de 410 à 245? En 1860, elles firent de 375 à 310 et, en 1861, de 340 à 160.

Ce dernier chiffre correspondant à l'époque de votre arrestation, je ne le commenterai pas. Mais, voyez l'effet d'une nouvelle administration, où vous n'êtes pas, même quand elle est mauvaise, comme celle qui nous occupe. Elle sait faire remonter les titres, en 1862, à 380 et 395 et les maintenir quelque temps à ce prix.

Depuis lors, hélas! les choses ont bien changé

pour les malheureux actionnaires et obligataires de cette compagnie. Ils ont recueilli le fruit des agissements que j'ai signalés.

Les actions, qui ne reçoivent plus d'intérêts depuis trois ans, sont à 41, et les obligations, dont les coupons sont réduits et payés, Dieu sait comme, varient de 90 à 100 francs.

LE CHEMIN DE FER DE PAMPELUNE A SARAGOSSE.

Pour en finir avec vos affaires étrangères en collaboration avec le marquis-financier, comme on l'appelle outre-monts, nous allons, si vous le voulez, parler un peu du chemin de fer de Pampelune à Sarragosse.

La manière dont cette affaire a été lancée et les conditions faites par la *Caisse* sont si monstrueuses que je me permettrai de vous citer, pour qu'on sache bien que je n'invente rien.

Je découpe ceci dans un article de la *Presse* du 19 août 1867.

« La seconde affaire que je rappellerai sera » encore une entreprise de chemin de fer: le che- » min de Pampelune à Saragosse. Les fondateurs » de cette Société, en ouvrant une souscription pu- » blique pour les actions, étaient si franchement » convaincus de l'excellence de cette affaire, qu'ils » ont, comme directeurs-gérants de la *Caisse gé-*

» *nérale des chemins de fer*, pris l'engagement de » rembourser les actions au pair dans le mois de » janvier 1862, si les recettes du chemin, à cette » époque, ne donnaient pas aux actions un revenu » de 6 p. 100. Jamais nul fit-il démonstration plus » éclatante de sa sincérité?

» Comment cette affaire a-t-elle sombré? Uni- » quement par les actes arbitraires et violents ac- » complis contre les gérants de la *Caisse générale* » *des chemins de fer;* ces actes, en détruisant le » capital de cette Société et en entravant l'action » des fondateurs du chemin de Pampelune, ont » tout compromis.

» Cependant, malgré tant et de si graves événe- » ments, tous les actionnaires qui, en janvier 1862, » se sont présentés aux liquidateurs de la *Caisse* » *générale des chemins de fer*, ont eu la faculté de » se faire rembourser. La plupart ont préféré gar- » der leurs titres et se sont bornés à demander » une indemnité de 100 fr. par action, qui, ajoutée » à la valeur du titre,— qui était alors, à la Bourse, » de 400 fr.; — formaient l'équivalent des 500 fr. » promis.

» Depuis lors, un arrêt de la Cour impériale de » Paris a déclaré que les actionnaires qui ne s'é- » taient pas conformés au contrat, en faisant con- » naître leur option en janvier 1862, avaient, par » le fait, renoncé à l'exercice de leur droit, qui » était ainsi périmé.

Posons bien d'abord les conditions de l'affaire : Le 14 décembre 1859, la reine d'Espagne concéda à Don José de Salamanca un tronçon de chemin de fer de 187 kilomètres avec une subvention de 16,234,000 francs, soit 87,000 fr. par kilomètre. La logique voulait que le concessionnaire apportât ce chemin à la Société des chemins de fer de Madrid à Saragosse et Alicante dont il était administrateur et qui aurait trouvé là un prolongement naturel. Mais vous sûtes probablement lui faire valoir des raisons meilleures, et M. de Rothschild se vit distancé par vous. Il est vrai que M. de Rothschild n'eût pas pris l'affaire aux conditions que vous acceptâtes, surtout s'il s'était souvenu de l'état dans lequel lui fut remise la ligne de Madrid à Alicante lorsqu'il en fit l'acquisition.

En effet, la nouvelle Société traita avec le *concessionnaire* pour la construction à forfait du chemin à 200 mille francs par kilomètre, plus la subvention du gouvernement, laquelle, disait le traité, avait été accordée et appartenait à M. de Salamanca et ne devait pas figurer dans les comptes de la Société.

Je crois bien qu'elle lui appartenait au marquis-financier! tout ce qu'il approche lui appartient! C'est si vrai qu'en Espagne, il y a huit ans, on avait changé son nom en celui de marquis de Carabas.

A qui sont ces terres? au marquis.

A qui ces châteaux? à Don José de Salamanca

A qui ce palais? A qui ce musée? A qui ce chemin de fer? A qui les journaux de Madrid?

Parbleu! au marquis de Carabas!

Bref, le marquis devait construire le chemin.

On sait aujourd'hui ce qu'il entend par là.

Mais vous, Monsieur, vous émettez les actions de ce tronçon de chemin qui n'avait ni queue ni tête, qui n'aboutissait nulle part, c'est-à-dire à aucun port de mer.

Et quand le chemin de Tudela à Bilbao ayant 248 kilomètres ne devait coûter que 150 mille francs, plus la subvention, vous consentez un traité de 50 mille francs plus onéreux par kilomètre pour un chemin forcément moins productif.

Mais là n'est pas le point capital de la question. Au moment de faire l'émission des actions du Pampelune, vous comprîtes très-bien que le public ferait forcément la réflexion que si M. de Rothschild n'ajoutait pas le Saragosse à Pampelune à son réseau de Madrid à Saragosse, c'est que l'affaire était bien mauvaise.

Alors que fîtes-vous ? Vous fîtes ce que les fils de Guilhou jeune ont fait pour les actions du chemin de fer de Séville, ce qui les a ruinés sans sauver leurs actionnaires, ce qui *vient de les faire mettre en faillite*. Vous garantîtes au nom de la *Caisse* un revenu de 6 p. 100 à partir du mois de janvier 1862 ou le remboursement des actions au pair.

Les fils Guilhou jeune au moins n'avaient engagé que leur responsabilité personnelle ; vous, vous engageâtes celle de vos mandants, de vos pupilles.

Ah ! Monsieur, vous fûtes bien imprudent ou bien coupable.

Oui, Monsieur, si votre procès n'avait pas précipité une ruine imminente, le remboursement des actions de Pampelune eut anéanti la *Caisse*.

Et ne venez pas dire que cette garantié n'a coûté que très-peu relativement, à nos intérêts, puisqu'au mois de janvier 1862 les actions du Pampelune valaient encore 400 francs, car je vous demanderais alors de me donner votre pensée toute entière au sujet de l'époque où elle devait être invoquée.

Vous dites qu'un arrêt de la Cour impériale a décidé que les actionnaires qui n'avaient pas fait connaître en janvier 1862 leur option avaient par le fait renoncé à l'exercice de leurs droits qui étaient ainsi périmés. La Cour a dû juger selon la lettre du traité; mais vous, Monsieur, eussiez-vous pu juger ainsi? Les termes vagues que vous employez montrent assez que vous n'osez pas vous expliquer.

Dites, Monsieur, était-ce bien ainsi que vous aviez compris la garantie que vous offriez?

Quoi, par une subtilité indigne, vous auriez échappé à une responsabilité offerte? Vous auriez dit à l'actionnaire ruiné qui serait venu en réclamer trop tard le bénéfice : — « Il fallait venir en » janvier 1862. »

Et s'il vous eut répondu qu'à cette époque, par suite de manœuvres de bourse et de bilans complaisants, ce chiffon de papier, qui vaut aujourd'hui 36 francs, était près du pair, eussiez-vous argué de la lettre du traité?

Ah ! Monsieur, je ne veux, je ne puis le croire. Et alors que devenait la *Caisse des chemins de fer*, ayant 27,500,000 francs à rembourser?

Vous voyez bien, Monsieur, que, quoiqu'il advînt, nous étions bien et dûment ruinés, et par votre faute, sinon en 1861, du moins en 1862 !

D'ailleurs, voici la situation du Pampelune au 31 décembre 1862. Il y avait 164 kilomètres exploités et les dépenses d'établissement, subvention dans la poche de M. Salamanca bien entendu, s'élevaient à 40,139,000 francs.

Le produit brut de l'exploitation, fut de.	2, 256, 847 67
Les dépenses de l'exploitation de.	1, 533, 896 50
Net.	722, 951 17

A ce moment, il y avait 64,559 obligations émises au prix moyen de 240, et qui exigeaient pour le service des intérêts seulement 968,385 fr., soit 145,434 83 de plus que le produit net.

Est-ce en présence de ce résultat que vous eussiez osé décliner votre responsabilité?

Il est vrai que MM. les administrateurs se partageaient une rémunération annuelle de 20,000 douros ou 100,000 francs, sans préjudice de 5 p. 100 des produits nets annuels.

Vous tombez rudement sur vos rivaux du Nord de l'Espagne et du Saragosse, je ne vous en blâme pas; mais vous devriez bien, de temps en temps aussi, nous entretenir du Pampelune, dont les actions valent aujourd'hui 36 francs, et les obligations 90 francs, c'est-à-dire moitié moins que les titres de ces deux compagnies.

SOCIÉTÉ DES GAZ DE MARSEILLE.

Je n'ai qu'un mot à dire de la *Société d'éclairage au gaz et des hauts fourneaux et fonderies de Marseille.*

Ces entreprises qui datent, l'une de 1855, et l'autre de 1856, furent réunies en Société en commandite à cette dernière date et obtinrent l'anonymat en 1859.

La majoration modeste que vous leur fîtes subir, je devrais dire que vous leur accordâtes, en a fait une affaire sinon excellente, du moins passable. — Les actions sont aujourd'hui à 449. Elles ont donné 26 francs de revenu pour le dernier exercice.

Je dois remarquer cependant que vous ne vous séparez point de vos administrateurs ordinaires : MM. le vicomte de Poret, baron de Pontalba et vicomte A. de Richemont. — Ils forment votre conseil de surveillance.

De plus, suivant votre louable habitude, vous

vous attribuez, à titre de gérant, 12,000 francs. Les petits 12,000 francs font les gros millions.

Je ne serais peut-être pas aussi bénin, si je devais, en cette occurence, écouter les habitants de Marseille, qui, depuis la création de votre Société du Gaz, sont obligés de passer leur soirée dans une demi obscurité. Le moindre inconvénient de cela serait, dit-on, pour les actionnaires de la Compagnei, la nécessité de refaire entièrement la canalisation souterraine de toute la cité.

CRÉATION DES PORTS DE MARSEILLE. — PETITE MAJORATION DE 10 MILLIONS RÉDUITE A 6.

J'arrive, Monsieur, aux *Ports de Marseille*, une affaire qui, malgré des procès interminables, est encore bien vague. Le rôle que vous avez joué dans ces procès, après votre attitude d'une passivité approbative à l'assemblée qui décida la fusion, n'a jamais été bien défini pour moi. C'est d'ailleurs en dehors de mon sujet ; et, si j'en parle c'est uniquement parce que, dans cette occasion, quelques-uns de vos chers actionnaires ont cru être indignement *lâchés* par vous pour des intérêts tout personnels.

Après avoir, en votre nom particulier, acquis de la ville de Marseille des terrains destinés à créer des quartiers nouveaux, vous faites, par acte du 17 avril 1856, une Société en commandite sous la raison sociale J. Mirès et Ce, en attendant d'obtenir l'anonymat qui vous fut accordé en 1859.

Vous apportez à cette Société le traité conclu

avec la Ville et la substituez ainsi aux droits et obligations résultant du cahier des charges.

A quelles conditions? Voici ce que je trouve dans l'examen du fonds social.

Le fonds social se compose : 1° du bénéfice du traité passé entre la ville de Marseille et M. Mirès ; 2° du bénéfice d'un acte de Société en participation, passé avec M. Loubat, le 21 février 1856, pour l'exploitation, dans le département des Bouches-du-Rhônes, du brevet dont M. Loubat est possesseur pour l'établissement des voies ferrées à rails creux; 3° d'une somme de 15 millions de francs en espèces, qui est destinée, soit à payer le prix des terrains, soit à faire sur ces terrains des travaux d'utilité publique et toutes constructions, soit enfin à toutes opérations se rattachant à la mise en valeur des terrains.

Le fonds social, ainsi composé, est divisé en 100,000 actions, donnant droit chacun à 1/100,000e de l'avoir social et des bénéfices. Des titres provisoires des 100,000 actions avaient été délivrés contre le versement d'une somme de 10 millions de francs. La réalisation de cette somme a été faite, pour la plus grande partie, par les fondateurs même de l'entreprise, pour le surplus, par une souscription. Le nombre des actions, ainsi réservées au public, était de 36,000, dont le taux nominal était fixé à 250 francs. 150 francs devaient être payés en souscrivant, et 100 francs versés ultérieurement, à une époque fixée par le Conseil d'administration. Le premier versement a été effectué; mais l'assemblée générale des actionnaires, dans une réunion du 5 juin, a décidé qu'il serait fait remise aux actions du dernier versement de 100 francs.

Oh! oh! qu'est ceci? Majoration, que me veux-tu?

Malgré l'obscurité de tout cela, il résulte que, d'abord, le fonds social, évalué à 25 millions, était composé de 15 millions en espèces et de deux bénéfices: celui de votre traité avec la ville de Marseille et celui de votre traité avec M. Loubat pour l'établissement dans les Bouches-du-Rhône de voies ferrées à rails creux.

Ce qui veut dire, en bon français, que vous faisiez cadeau de ces deux bénéfices à la Société pour la modique somme de 10 millions, ou mieux, que vous majoriez votre apport de 10 millions, moins quelques mille francs de frais.

Eh! eh! les grosses majorations font les petites fortunes, n'est-ce pas, M. Mirès?

Celle-ci fit, je crois, crier plus que vous ne l'eussiez désiré; et, par son vote du 5 juin qui libérait les actions à 150 au lieu de 250, l'assemblée réduisit de fait votre apport de 10 millions à 6. C'était encore bien joli, n'est-ce pas?

En vérité, Monsieur, il deviendrait insipide d'insister plus longtemps sur vos procédés toujours les mêmes.

Je passe donc, en vous demandant quel sens il faut donner lignes suivantes qui commencent un de vos articles de la *Presse*, intitulé : — *Une Revue rétrospective.*

« Je n'avais pas oublié que, pour exercer la critique et
» rappeler leurs devoirs à ceux qui les oublient, il fallait
» soi-même être exempt de torts; mais j'étais rassuré à cet
» égard, car l'investigation implacable dont ma vie et mes
» affaires ont été l'objet avait démontré un passé exempt
» d'erreur, ainsi que des affaires loyalement faites et dirigées.
» Il me semblait, par cette investigation, avoir acquis le droit
» d'examiner les entreprises créées et administrées par mes
» anciens rivaux, par les hommes qui ont le plus contribué à
» ma chute et à la ruine de mes actionnaires. »

Je ne commenterai pas ce passage; on appréciera.

LE FINANCIER ET LE JOURNALISTE.

Pendant que je suis en veine de citations, je continue.

En janvier 1867, vous écriviez dans la *Presse*, en tête d'un article intitulé l'Union financière, ces mots :

« A peine avais-je publié un article sur l'*Union financière* » et les *Chemins Lombards*, que M. X..., agent de change, » me demandait si j'avais des opérations à faire sur les Chemins lombards. »

« Je fis remarquer que, s'il en était ainsi, les notions les » plus vulgaires de l'honnêteté m'auraient fait un devoir » de m'abstenir ; j'ajoutai que vendre ou acheter les actions » d'une entreprise et ensuite écrire en faveur ou contre elle » serait moins une spéculation *qu'un* ACTE HONTEUX » D'IMPROBITÉ. »

Ces paroles dignes, personne ne vous obligeait à les écrire. C'est donc très-bien de votre part de l'avoir fait.

Mais, pardon ! au 31 décembre 1858 vous étiez vendeur à découvert de

10,125 actions du Crédit Mobilier.
1,725 — des chemins Autrichiens.
825 — du chemin de fer du Midi.

Il me semble que c'est une assez jolie spéculation sur des valeurs du même groupe.

Que faisait alors le *Journal des Chemins de fer*, en qui vous étiez incarné ? Il n'avait pas assez d'objurgations contre toutes ces valeurs.

Eh bien ! Monsieur Mirès, que disiez-vous donc : *écrire en faveur ou contre des valeurs dont on serait acheteur ou vendeur serait moins une spéculation qu'*UN ACTE HONTEUX D'IMPROBITÉ.

On ne vous forçait pas à le dire !!

Ab uno disce omnes.

PETIT CAPRICE D'HOMME DE LETTRES D'UN DES GÉRANTS DE LA CAISSE.

Puisque je veux m'instruire et édifier en même temps mes co-actionnaires, je vais encore vous emprunter une citation curieuse :

« A la fin de 1858, pendant mon absence, M. Solar achète,
» avec les fonds de ma Société, le journal la *Presse*. A ce
» moment, j'étais à Rome. Contre mon gré, M. Solar voulut
» satisfaire un caprice d'homme de lettres; il voulait un or-
» gane pour épancher ses impressions politiques. »

(*Presse* du 17 février 1867, article intitulé : *Caisse des Chemins de fer, aux Actionnaires.*)

Cette façon badine d'apprendre à vos actionnaires comment les gérants entendent l'administration de l'épargne des pauvres diables me paraît pleine d'enseignements.

Voilà ! M. Solar s'offre, — à nos frais, — ce que vous appelez si agréablement un caprice d'homme de lettres; vous vous y opposez d'abord; mais, bah !

puisque M. Solar veut un organe pour épancher ses impressions politiques, qu'il l'achète! — à nos dépens.

C'est peut-être aussi un caprice d'homme de lettres dont vous vous êtes offert la satisfaction en rachetant avec les épaves de notre fortune cette même *Presse*.

J'en doute pourtant en relisant la dernière phrase citée: — *Un organe qui épanche des impressions.* — Un caprice littéraire de votre part n'aurait pas d'excuse après une telle phrase.

LA CAISSE EN 1858. — PASSE-MOI LES BILANS, JE TE PASSE LES EMPRUNTS PRIVILÉGIÉS. — CE QUE C'EST QUE LES EMPRUNTS PRIVILÉGIÉS.

Je reviens à la *Caisse* qui est votre plus grosse affaire et celle qui nous intéresse le plus. Excusez si, au moment de pénétrer dans les profondeurs ténébreuses de sa comptabilité, j'éprouve un certain effroi. Deux experts, vos livres en main, s'y sont perdus. M. le comte Siméon, le président de votre Conseil, avouait lui-même plus tard, que personne, pas même vous, ne savait la situation exacte. Enfin, c'est en tâtonnant que les experts ont pu arriver avec peine à des évaluations approximatives.

Du reste à la *Caisse* le désordre était si général, qu'à l'Assemblée du 28 janvier 1861, vous félicitant d'avoir remplacé M. Solar et M. Raynouard par MM. Halbronn et Avond, le Président ajoutait : « Les employés voyant enfin l'ordre et la régula-« rité venir d'en haut, sont devenus plus assidus. » Quels exemples leur venaient donc auparavant des régions que vous hantiez?

Dans l'assemblée du 28 avril 1859, vous disiez : « On peut diviser aujourd'hui les établissements » de crédit en deux classes : ceux qui ont échangé » leurs capitaux contre des valeurs représentant » des affaires douteuses ou mauvaises ; et ceux qui » ont échangé leurs capitaux contre des valeurs » représentant de bonnes affaires. » Naturellement la *Caisse* à votre avis était dans cette dernière classe.

Eh bien ! voulez-vous avoir le jugement d'un journal qui n'est pourtant pas votre ennemi ? — Je lis dans la *Finance* du 26 août 1868 : « Il est évident » que pour le placement des saletés, la maison » Rothschild a pris la suite des affaires de la maison » Mirès. »

Nous avons su depuis que l'année 1868 avait été pour nous plus que mauvaise. Cependant, il fallait, quand même, distribuer au moins l'intérêt à 5 p. 100. Pour cela un bilan était nécessaire qui montrât le capital intact.

Rien pour vous n'était plus facile ; et voici celui que vous établîtes le 31 décembre 1858.

ACTIF.

En caisse, en banque, etc.	1.292.469	54
Portefeuille effets à recevoir et coupons	1.962.223	36
Rentes, actions, obligations et valeurs diverses.	22.535.619	13
Immeubles, mobiliers, terrain	6.831.372	39
Propriété du journal, clientèle et cautionnement	1.037.500	»
Comptes divers, balance au débit	22.183.446	71
Total	55.842.631	13

PASSIF.

Capital social	50.000.000 »
Fonds de réserve	744.353 59
Échéance du 31 décembre à payer	1.129.631 42
Dividendes et intérêts à payer	2.506.261 85
Compte de profits et pertes créditeur	1.462.304 27
Total	55.842.631 13

En comparant ce bilan à celui de 1856 que nous avons donné plus haut, nous voyons le compte de caisse diminué de plus de 6 millions et le compte de rentes, actions, obligations diminué de 11 millions. En revanche les *comptes divers* BALANCE AU DÉBIT ont augmenté de 5 millions. C'est la seule chose qui ressorte du vague de ces chiffres.

Trois ans plus tard, nous avons su comment ce bilan avait été dressé ; nous vous avons entendu dire à vous-même devant la Cour de Douai : — « en » 1858, Solar et les autres ont dilapidé 8 millions. » — Il est vrai que ce même Solar ne se gênait pas pour dire que — « les bonnes affaires vous les gar- » diez pour vous, et que vous laissiez les mau- » vaises à la Société. »

Ces paroles, Monsieur, sont de vous, et vous ne les démentirez pas. Donc, selon vous-même, Solar et les *autres* avaient pu dilapider 8 millions en 1858; et nous, pauvres actionnaires, nous n'en savions absolument rien. A l'aide d'artifices de comptabilité, vous nous présentiez en bénéfice une situation désespérée.

En effet, pour arriver à un article de profits et

pertes en apparence créditeur, que faites-vous ?

Vous portez une commission de 8 millions sur les chemins romains. Cette commission devait appartenir à l'exercice 1857 ou être répartie en quatre exercices.

Ceci ne suffisant pas, vous évaluez au pair toutes les actions dont la *Caisse* était détentrice. Ainsi, les actions romaines, qui valaient 395, sont comprises dans l'actif pour 500; les actions de la *Caisse*, qui valaient 357 50, sont aussi portées 500 à l'actif, etc., etc.

De plus, vous reportez arbitrairement à l'exercice 1859 une somme de 3,953,000 francs provenant de pertes sur opérations de bourse. Ces opérations n'étaient pas liquidées selon vous, c'est possible; mais il est certain que leur liquidation, à ce moment-là, vous constituait en perte de 4 millions, et que le reste appartenait aux futurs contingents et ne pouvait être prévu.

D'ailleurs de simples actionnaires ne sauraient se plaindre d'ignorer ces faits, puisque vous les dissimuliez, même à votre conseil de surveillance. En effet, je lis dans la plaidoirie de Me Allou pour le comte Siméon ceci : — « On ne saurait reprocher à mon client l'omission de la perte de » 3,958,961 francs, au bilan de 1858, puisque l'avocat impérial lui-même a dit: — La responsabilité du conseil de surveillance à ce sujet est » couverte par la dissimulation que les gérants lui » avaient fait dela perte. »

Et plus bas, le même avocat ajoute naïvement :

« Que peut-on reprocher au Conseil de surveil-
» lance? des pertes portées trop tard, des bénéfices
» portés trop tôt, voilà tout. »

On pouvait d'abord reprocher à ce Conseil de surveillance de n'avoir jamais surveillé, ce qui est quelque chose, — puisque, suivant la déposition du caissier des titres, non-seulement jamais aucun membre du Conseil n'a vérifié la caisse des titres, mais encore il n'a jamais été délivré d'états certifiés et il n'en a jamais été demandé.

Est-il possible de garder son sérieux en présence de faits semblables, quand on lit les rapports si affirmatifs de votre Conseil de surveillance? Où en était donc la morale des affaires à ce moment-là, cette morale que vous prônez si haut aujourd'hui?

Si l'on ne peut trouver la raison morale de ces faits, on peut facilement en trouver la raison immorale ou l'explication.

En effet, M. le comte Siméon vous passait les inventaires, et vous lui passiez les *emprunts privilégiés*.

Emprunt privilégié! ce mot est nouveau et il demande une explication. — Il est dû à votre collaboration avec M. le comte Siméon. J'emprunte à M. le Procureur général Pinard, aujourd'hui ministre de l'intérieur, quelques lignes de son réquisitoire qui élucideront mieux que toute définition ce produit de votre génie.

« Le comte Siméon fait de nombreux emprunts à la Caisse
» et toujours des emprunts privilégiés. Lisez cette convention

» du 1er juin 1857 : 330,000 fr. lui sont prêtés; il laisse en
» garantie quinze cents actions des Eaux; mais il a la faculté
» de *profiter de leur hausse et de ne pas souffrir de leur baisse.*
» Au 1er janvier 1861, il peut les reprendre si elles ont
» haussé, et les laisser à la *Caisse* au cours de 220 fr. si elles
» ont baissé. Voyez la convention du 17 avril 1859. 240,000 fr.
» lui sont prêtés, il laisse en garantie sept cent vingt actions
» des Eaux et cent actions de Lyon; mais il a la faculté de
» profiter de leur hausse et de ne pas souffrir de leur baisse.
» Au 1er janvier 1861, il peut les reprendre, si elles ont haussé,
» ou les laisser à la Caisse au cours de 215 fr. et 830 fr. si
» elles ont baissé.
» De pareilles servitudes impliquaient des services, ces
» services furent rendus. »

En vérité, n'est-ce pas incroyable? Par ces traités, M. Mirès livre les intérêts de la *Caisse*, les intérêts de ses actionnaires qui perdront forcément toute la différence des cours de ces actions. Il est vrai qu'en échange ils perdent aussi leur seule garantie contre les gérants, le contrôle du Conseil de surveillance qui, par ses actes, a aliéné son indépendance.

Donc, des deux côtés, les actionnaires sont sacrifiés : sacrifiés par M. Mirès à M. le comte Siméon, sacrifiés par le comte Siméon à M. Mirès.

Ajoutons que de pareils procédés ne se qualifient pas.

Je cite encore M. Pinard :

« Dans l'affaire de Sénéchas, le comte Siméon reçoit gra-
» tuitement mille actions libérées; et si, le 22 janvier 1861,
» un acte écrit à une date où tout le monde tremblait, con-
» tient une renonciation à ce bénéfice, il n'en est pas moins

» certain qu'il en a accepté l'attribution et pendant un certain temps touché les dividendes.

» Dans l'affaire des Ports de Marseille, le comte Siméon reçoit 30,000 fr. à titre gratuit, comme administrateur; ces 30,000 fr. étaient sa quote-part dans le prélèvement illicite des 5 millions que M. Mirès avait opéré sur le premier capital versé. »

En cette année 1859, les affaires de la *Caisse* étaient embarrassées; il fallait à tout prix obtenir du gouvernement pontifical l'autorisation d'émettre les obligations des chemins Romains.

M. Solar et le comte Siméon furent envoyés à Rome. — Ici, monsieur Mirès, permettez-moi de laisser la parole à M. le procureur général Pinard.

« Dans l'affaire des chemins romains, le comte Siméon accepte de la gérance une mission à Rome, pour faire approuver la réduction du capital-actions, qui permettra l'émission des obligations. Vous savez, Messieurs, quelle était la nature de cette opération dans laquelle on affirmait une économie mensongère pour arriver à la libération. Pour être, dans ce cas, l'ambassadeur de la gérance, il fallait être bien au courant des affaires des chemins Romains que M. de Richemond craignait tant de voir éplucher. Avouez, Messieurs, qu'un pareil ambassadeur était plutôt l'homme-lige de la gérance que son surveillant; nous n'en voudrions d'autre preuve que cette lettre de Solar écrivant à Mirès :

« Rome, 29 novembre 1859.

« L'affaire a été chaude et menaçante hier, mon cher Mirès. Comme vous m'y aviez autorisé à mon départ, j'ai dû faire jouer les grands moyens. Le salut de la Caisse des chemins de fer a été ma suprême loi.

» Je n'estime pas à moins de 3,500,000 fr. ce que j'ai pro-
» mis. Veuillez en prévenir le Conseil à cause de notre res-
» ponsabilité, et en exigeant d'avance de chaque membre sa
» parole d'honneur de garder le secret. Nous sommes à jamais
» perdus ici si la chose était sue. Il est bien entendu que les
» noms vous seront communiqués à mon retour, à vous seul
» bien entendu,

« Solar. »

» Nous admettons les protestations de Mirès ; elles sont
» d'accord avec les affirmations venues de Rome ; et Solar
» n'avait rien donné ni promis. Mais, si beaucoup d'attributions
» personnelles se cachent ainsi sous de prétendus engage-
» ments vis-à-vis des tiers, quelle confiance, Messieurs, il
» fallait avoir dans la dépendance absolue du Conseil de sur-
» veillance pour lui tenir un pareil langage ! On savait
» d'avance qu'il ne pouvait pas se révolter : il était livré. »

Et nunc erudimini !

Et, maintenant, ne nous étonnons plus des bilans fantaisistes et des actes de M. Mirès.

Quant à la lettre de Solar, on en pensera ce qu'on voudra ainsi que de vos protestations, Monsieur Mirès, je cite, je ne commente pas.

Puisque je suis en veine de citations, je continue; on appréciera. C'est toujours M. Pinard qui parle.

« Si les livres avaient été vérifiés, on aurait vu Mirès dé-
» biteur, le 31 décembre 1856, de 1,091,000 fr. ; le 31 mars 1857,
» de 302,000 fr., devenir créditeur le 30 septembre 1857,
» de 3,449,900 fr. N'y avait-il pas dans ces chiffres un singu-
» lier enseignement ?

» Si les livres avaient été vérifiés, on aurait vu *le compte*
» *des débiteurs dont on n'accusait jamais* LE CHIFFRE TOTAL *aux*
» *bilans annuels* garder toujours d'effrayantes proportions ; on

» eût eu connaissance *de ce chiffre prodigieux d'insolvables* » qui ne faisait *qu'un actif apparent;* et qui, le 19 février 1861, » était de 9,336,000 fr. »

Actionnaires, instruisons-nous !

Tant de choses peuvent-elles se cacher sous un bilan bien simple, bien régulier, se soldant par un bénéfice très-suffisant et surtout très-apparent?

C'était le temps où la *Caisse* était en grande faveur (partout ailleurs qu'à la Bourse, car là, on devine le fonds des choses quand on ne le sait pas). C'était le temps où, suivant la plaidoirie de Me Allou,— « l'on défendait à la *Semaine financière,* » par MESURE ADMINISTRATIVE, de parler des obliga- » tions romaines de manière à ébranler les combi- » naisons de Mirès. »

Que nous parliez-vous donc, M. Mirès, des persécutions dont vous avez été victime? Si, à ce moment là, on n'eût empêché la vérité de se faire jour sur votre opération des Romains, l'émission des obligations était manquée, et la *Caisse* était perdue, car, suivant la lettre de Solar, le salut de la *Caisse* était en jeu. En favorisant cette émission, on n'avait, il est vrai, que retardé la catastrophe; mais on avait aussi fait de nouvelles victimes.

Nous reviendrons plus tard sur quelques révélations curieuses de votre procès.

LA CAISSE EN 1859. — BILANS DE PLUS EN PLUS FANTAISISTES. — MULTIPLICATION DES PAINS.

J'arrive au bilan du 31 décembre 1859 qui, dressé dans la même situation désastreuse de la *Caisse*, a besoin de toutes les ressources de votre génie pour se solder par un bénéfice apparent.

En effet, c'est dans ce bilan que vous placez la modeste commission de 9,151,000 fr. afférente au chemin de fer de Pampelune, dont vous ne placerez les actions que trois mois plus tard, on sait avec quelle garantie ruineuse.

Si vous faites figurer au crédit ce bénéfice qui ne sera réalisé que quelques mois après, vous vous gardez bien d'inscrire au débit les frais de l'émission à faire au cas de réussite et les mécomptes qu'auraient amené un insuccès. Il est vrai qu'avec la condition de remboursement au pair en janvier 1862, l'insuccès était improbable; mais cette condition exorbitante, cette garantie eut dû figurer au moins comme prévision en regard de la Commission de 9,151,000 fr.

Moyennant 9,151,000 fr. vous vous engagez à rembourser 27,500,000 fr. en deux ans si les actions ne rapportent pas 6 p. 100 du capital; et vos livres ne portent pas la trace du mauvais côté de votre engagement. C'était au moins de l'imprévoyance.

Et voyez où cela vous eût conduit si vous n'aviez pas eu le bonheur d'être poursuivi. Tout simplement au remboursement de ces 27,500,000 fr., qui valent aujourd'hui moins de deux millions. Quant à votre façon d'évaluer les titres en portefeuille, elle est toujours la même. Vous inquiétant peu du cours de la Bourse qui a toujours ses raisons pourtant, vous les portez au bilan au taux d'émission. Pour les actions de la *Caisse*, cela peut être admissible jusqu'à un certain point, mais pour les autres, celles des Romains, par exemple, qui valaient 145 fr. au 31 décembre 1859, et que vous portez au bilan hautement à 500? Combien y en avait-il, ce serait curieux à constater. Je l'ignore, mais un an plus tard, le portefeuille de la *Caisse* en possédait 85,000.

Ces observations faites, voici le bilan de la *Caisse* au 31 décembre 1859, donné à l'assemblée du 31 janvier 1860.

ACTIF.

Espèces en banque, effets à recevoir et coupons (réunis pourquoi ?)........	2.002.288 82
Rentes, actions et obligations de chemin de fer, etc........	19.777.055 31
Chemins romains, Pampelune, Gaz de Marseille........	77.974.800 »
Propriétés immobilières........	10.729.193 72
Propriété du journ., 1re clientèle. 1.000.000 — — 2e clientèle. 1.000.000 Cautionnement du journal...... 37.500	2.037.500 »
Total........	112.520.837 85

PASSIF.

Capital social........	50.000.000 »
Solde comptes divers créditeurs........	49.399.116 06
Effets et coupons à payer........	3.537.802 80
	102.956.918 09
Excédant de l'actif (?)........	9.563.919 76
Total........	112.520.837 85

Ce bilan est bien ce que j'ai jamais vu de plus bouffon. On ne peut avouer son embarras avec plus de naïveté et en même temps présenter des chiffres plus impudents.

Que signifient au passif ces mots : *excédant de l'actif?* Est-ce un bénéfice? Dites-le. Mais non, vous n'osez pas le dire, vous voulez seulement le laisser croire!

Et pour arriver à cet excédant d'actif qu'avez vous été obligé de faire? Vous avez dû majorer toutes vos valeurs. Je ne parle pas seulement des actions émises par la *Caisse*, c'est une habitude chez vous; mais jusqu'à vos immeubles, jusqu'à votre clientèle, cette chose si fragile, si facile à faire s'évanouir, vous les majorez de un million. Il est vrai que, l'année suivante, craignant les suites de cet acte, vous vous hâtez d'effacer ces chiffres.

De plus, pour ne pas avouer le chiffre de vos débiteurs en comptes courants, vous faites figurer aux COMPTES DIVERS vos engagements envers les Société des Romains, Pampelune et Ports de Marseille, auxquels vous avez ouvert un compte particulier à l'actif, mais que vous avez soin de fondre avec vos créditeurs divers.

Pourriez-vous dire par quel artifice de comptabilité, un compte peut avoir son crédit spécial, et son débit dans un compte commun? Ah! on comprend les appointements de préfet, 30,000 francs, que vous donniez à votre teneur de livres; et les appointements de ministre, 100,000 francs, que vous donniez à votre secrétaire général M. Raynouard. Ils étaient bien gagnés!

Pour les gens qui lisent à côté des chiffres, ceci signifie simplement que les comptes courants divers, abstraction faite des engagements afférents aux Sociétés de chemins de fer romains, des chemins de Pampelune et des Ports de Marseille, se soldaient au débit, par environ 28 millions!

Vous demanderai-je aussi, la cause qui vous a fait réunir à l'article — « espèces en banque » — l'article — « effets à recevoir » — qui n'y a rapport que de très-loin? La réponse que vous ne feriez pas, je vais essayer de la faire.

Pour une Société comme la *Caisse*, 2 millions argent disponible c'est bien peu. Or, vous deviez en avoir beaucoup moins, puisque cette somme comprend aussi les effets à recevoir. Le chiffre était sans doute plus que minime, que vous n'avez osé l'avouer, et que vous y avez ajouté le chapitre *effets à recevoir?*

Avouez que ces procédés sont bien naïfs, pour un financier de votre taille.

Le rapport de la gérance qui accompagnait ce bilan, était de ceux qu'on nomme insinuants. Il fut lu par M. Solar ; et j'y trouve ces phrases découragées :

« Nous craignons que les établissements comme » le nôtre ne trouvent plus longtemps un aliment » suffisant pour leur activité. »

Et plus bas, après avoir constaté que les autres Sociétés de crédit, ont agi avec imprudence, le rapport ajoute avec bonne foi : — « Quant à nous, nous » n'avons donné notre concours à aucun projet ha» sardeux » ; — et il cite comme preuve les chemins romains et le Pampelune !

Il est vrai que plus bas il ajoute : — « *On peut* con» sidérer les *actions du Saragosse à Pampelune* » *comme équivalentes aux* MEILLEURES ACTIONS FRAN» ÇAISES ! »

Ces phrases, les actionnaires qui les ont applaudies devraient les faire graver sur une plaque de marbre, pour les rendre impérissables.

Le rapport finissait par deux propositions qui sont bien la chose la plus étonnante qui ait été trouvé par le génie aux abois.

Oui, Monsieur, les deux résolutions votées à cette assemblée sont bien l'œuvre du génie.

Vous en aviez et beaucoup. Il est vrai que Bilboquet aussi en avait ; et, de celui-ci précisément. Je n'oserais pourtant pas affirmer qu'il eût trouvé la chose suivante.

Aprés avoir demandé l'autorisation de transporter à une autre Société, tout ou partie des engagements contractés envers les chemins de fer romains et de Pampelune, le rapport demandait aussi l'autorisation de réduire le capital de la *Caisse* à 20,000,000 de francs, et de répartir éventuellement une partie du capital.

Pour cela, il fut voté les deux résolutions suivantes :

1° La partie mobilière du capital social serait capitalisée à 5 p. 100, de manière à produire pour chaque action, un revenu annuel de 25 francs, soit l'intérêt de à 5 p. 100, de la somme de 500 francs.

2° Il serait remis en outre un titre donnant droit à la répartition des autres parties de l'actif.

Ce qui veut dire tout simplement que, voyant la nécessité de liquider la Société, et ne pouvant, avec l'actif trop majoré, rembourser en argent les 500 francs de chaque action, vous vous faisiez autoriser à donner en échange de chaque action de la *Caisse* un de ses *rossignols* rapportant 25 francs, une action des Romains par exemple, (c'est sans doute dans ce but, que vous en aviez réuni 85000), action qui valait au 31 décembre, 145 francs, mais qui rapportait encore 25 francs d'intérêts, et de plus un titre donnant droit à la répartition du reste de l'actif.

Eh bien. Monsieur, je trouve cela sublime!

Oui sublime, je ne m'en dédis pas. Il est fâcheux que tous les commerçants embarrassés n'aient pas la faculté d'imposer à leurs clients leurs vieilles marchandises avariées au prix qu'on paye les bonnes et les neuves, il n'y aurait plus une seule faillite, et votre idée aurait trouvé sa véritable application.

Comment ce projet si hardiment conçu avorta-t-il? je l'ignore. Sans doute, vous y renonçâtes à cause des difficultés de l'exécution. Tous vos actionnaires qui avaient encore quelque confiance en la *Caisse* n'étaient pas disposés à échanger leurs titres contre les ours de votre portefeuille dont l'hospitalité pour ce genre de valeurs était proverbiale.

LA CAISSE EN 1860. — TERREURS ANTICIPÉES. — MÉTAMORPHOSE DE JUPITER TONNANT, EN JUPITER MANTEAU-BLEU.

C'est dans cette situation désastreuse de la *Caisse* que s'écoule une partie de l'année 1860. Vous sentiez qu'il fallait en finir avec l'intolérable gêne de vos Sociétés; et vous cherchiez une issue quelconque pour sortir de là.

Une occasion de conclure un emprunt ottoman se présenta. Vous vous empressâtes de traiter. D'un coup d'œil vous aviez vu tout le parti à en tirer. L'affaire était énorme. Si elle réussissait, le bénéfice comblait tous les déficits, la *Caisse* était sauvée; si elle échouait, la chute de la *Caisse* avait une excuse et une explication.

Entre nous, cette dernière alternative était à vos yeux même la plus probable; mais vous en aviez pris votre parti; et, d'ailleurs, il valait mieux, pour vous, succomber en combattant sur le champ de bataille, que se laisser mourir honteusement dans l'inertie.

Donc vous aviez conclu l'emprunt ottoman dont il est difficile de prévoir quel eut été le résultat au cas où votre arrestation du 17 février 1861 ne l'eût immédiatement suspendu.

Déjà, en décembre, une plainte avait été déposée contre vous par M. de Pontalba, conseillé par votre ancien chef de la comptabilité qui ne pouvait perdre facilement l'habitude de toucher ses émoluments de sénateur.

C'est après avoir été appelé au Parquet que vous vous hâtez de convoquer une assemblée générale pour le 28 janvier 1861. Vous sentiez la nécessité de rectifier quelques chiffres exagérés et de faire quelques aveux tardifs. — En effet, le rapport a le ton et l'humilité d'une confession; vous vous frappez la poitrine; et M. le comte Siméon avoue quelques grosses peccadilles, comme, par exemple l'augmentation toujours croissante des comptes courants débiteurs, en ajoutant: — « On ne nous y » reprendra plus, etc.

M. Solar avait donné sa démission et été remplacé par M. Halbronn.

Dans votre rapport, vous faisiez toujours l'éloge de vos affaires. J'y lis cette phrase qui est bien de vous seul cette fois, puisque seul vous étiez gérant:

« Aujourd'hui, on peut dire que le minimum des « recettes du Pampelune sera de 34,000 francs par « kilomètre »;—et, après avoir dit que l'action vaut

800 francs, vous ajoutez que cette évaluation même est trop modérée!

Dans une lettre adressée aux actionnaires et que vous lûtes à l'assemblée de la *Caisse*, vous ajoutez: — « les résultats dépassent nos prévisions, » GARDEZ-VOUS BIEN DE VENDRE »

Bon conseil! n'est-ce pas!

Vous faisiez ensuite connaître les conditions de l'emprunt ottoman, signé le 29 octobre 1860.

Il devait être de 400 millions de francs nominaux en 6 p. 100 à 53,34, soit 215 millions effectifs payables en dix-huit mois.

L'affaire était colossale en effet; mais, permettez-moi de douter que vous ayez jamais pu la mener à bien par vos seules forces et à ce moment.

Obligé de faire quelques réductions sur les chiffres trop majorés du bilan de 1859, vous en fîtes un parallèle instructif avec celui de 1860 que voici d'ailleurs.

ACTIF.

Espèces en banque, effets à recevoir, coupons.	5.789.433 98
Rentes, actions, obligations	23.014.999 75
Chemins romains, Pampelune, Portugais, Gaz de Marseille, etc	59.802.200 »
Propriété immobilière	8.759.060 81
Propriété du journal, 1re clientèle, cautionnement	1.037.500 »
Total	98.403.194 54

PASSIF.

Capital social	50.000.000 »
Solde des comptes divers	34.911.992 76
Effets et coupons à payer	8.529.503 05
	93.441.495 81
Excédant de l'actif (?)	4.961.698 73
Total	98.403.194 54

Dans ce bilan, suivant l'usage établi depuis longtemps à la *Caisse*, usage que vous cherchez à excuser de votre mieux dans votre rapport, les valeurs du portefeuille sont évaluées au prix d'émission malgré leur cours plus bas. Ainsi les actions de la *Caisse* qui valaient 240 sont portées à 500 dans le bilan; et il y en avait 19,000 en portefeuille, la plupart acquises dans les environs de 300. Les actions des chemins romains qui valaient 310 au 31 décembre étaient aussi portées à 500; et il y en avait 85,000 en portefeuille, etc. Il est évident qu'avec ce procédé, aujourd'hui même que toutes ces valeurs n'ont plus qu'une valeur infime : 35 à 40, le capital paraîtrait intact.

Vous continuez la mauvaise plaisanterie que vous appelez excédant d'actif. Cependant il faut avouer que la crainte des poursuites vous a fait diminuer le chiffre de ce prétendu excédant.

D'ailleurs, voici comment il fut jugé par le procureur général près la Cour de Douai :

« Sur l'exercice 1860, l'inventaire n'arrive à
» constituer un bénéfice qu'en présentant toutes
» les valeurs de la *Caisse* cotées à des prix exagérés,

» et en portant à l'actif une masse de débiteurs » insolvables. Nous avons prouvé que, dès le » 31 décembre 1860, les titres du portefeuille va- » laient 14 millions de moins que ne l'indique » l'inventaire, et que le chiffre des insolvables, » comptés comme débiteurs sérieux, était de » 9,336,000 francs. Comment le comte Siméon to- » lérait-il de semblables affirmations ? »

Le compte des « débiteurs divers » est toujours soldé par le crédit des comptes des Romains et du Pampelune, quoique le débit de ces comptes forme l'objet d'un article spécial à l'actif. M. le comte Siméon, en avouant dans son discours à l'assemblée du 28 janvier 1860, que ces comptes courants débiteurs sont encore considérables, ajoutait : — « Ce- » pendant je me plais à constater qu'ils ont dimi- » nué de 3,000,000. Jusqu'au milieu de l'année der- » nière ils tendaient à s'accroître. » — M. le comte Siméon eut bien dû nous en donner le chiffre exact, ç'eût été mieux. D'ailleurs cette diminution de 3 millions sur 27 ou 28 millions ne signifiait absolument rien, si on veut bien réfléchir qu'on n'avait recouvré que les créances les plus faciles à encaisser et par conséquent les meilleures. Les mauvaises sont restées ; et nous savons ce qu'elles nous coûtent.

Les différences entre les chiffres du bilan de 1859 et ceux du bilan de 1860 sont ainsi expliquées par vous :

D'abord le compte — « rentes, actions, obliga- » tions, valeurs diverses, » — vous expliquez la différence par ces mots : — « Augmenté de 10,704 » obligations romaines, diminué du montant de » la vente du journal la *Presse.* » — Or il doit y avoir d'autres changements, puisque la différence est de 3,300,000 en augmentation, et que les 10,704 obligations à 240 ne font que 2,568,960, chiffre insuffisant pour expliquer la différence même en n'en déduisant pas le prix de vente de la *Presse*.

L'article défini, — « chemins romains, Pam- » pelune, Portugais, Gaz de Marseille, » — présente une différence en moins de 18 millions.

Vous l'expliquez vaguement par ceci :

« Elle résulte : 1° du placement d'une partie » des valeurs du chemin de fer de Pampelune ; » 2° d'une souscription aux chemins de fer Portu- » gais. »

La diminution qui existe dans l'article : « Pro- » priétés immobilières » — provient, selon vous toujours, de ventes diverses et emplois de fonds.

Enfin, l'abandon de la majoration établie l'année précédente sur la clientèle du journal, est nécessitée dites-vous, par les événements de décembre 1860.

Je ne veux point examiner jusqu'à quel point la crainte que vous aviez de voir la Justice intervenir dans vos affaires, a été la cause de ces premiers redressements.

Le langage du président de votre Conseil de surveillance se ressentait aussi de cette situation. Le discours du comte Siméon ne fut qu'une longue amende honorable.

Ici, je vais laisser la parole aux événements.

INCARCÉRATION. — LIQUIDATION. — CONDAMNATION. COMPARAISON.

Le 18 février vous étiez arrêté; et M. Germiny, gouverneur de la Banque, était nommé administrateur de la *Caisse*.

Le 4 avril, le Tribunal de commerce, nommait liquidateur de la *Caisse* deux hommes honorables MM. Bordeaux et Richardière, qui ont dû, pendant quatre ans, et contre vous-même, défendre pied à pied les épaves de notre fortune.

Le 11 juillet, un jugement du tribunal de police correctionnelle, vous condamnait à trois ans de prison et 3,000 fr. d'amende.

Sur votre appel, le 31 août, un arrêt de la Cour impériale de Paris, confirmait ce jugement.

Enfin, la Cour de cassation, dans son audience du 28 décembre 1861, cassa cet arrêt, et renvoya l'affaire devant la Cour de Douai qui vous acquitta le 21 avril 1862.

La Cour vous avait acquitté, c'est vrai; mais

pour vous, vous le comprîtes fort bien, le jugement de l'opinion publique était le plus important.

Eh! bien, malgré les énormités que révéla votre procès, une partie de ce qu'on appelle l'opinion publique était encore pour vous. Vous aviez l'apparence d'un martyr, d'une victime sacrifiée à des jalousies rivales. Ah! vous sûtes bien exploiter la situation!

D'ailleurs, vous agissiez avec une telle ardeur, une telle conviction, que ceux mêmes qui étaient contre vous, contre vos pratiques; ceux mêmes qui pouvaient les apprécier, finirent par vous croire moins coupable en vous attribuant une perversion complète du sens moral.

Oui, on finit par croire que tout ce que vous aviez fait, vous vous étiez cru en droit de le faire; et, dès lors, votre culpabilité morale disparaissait.

Il a fallu vos critiques acerbes contre des financiers qui n'ont pas à se reprocher la dixième partie des actes que vous aviez avoué naïvement, pour qu'on revint dans un certain public sur cette appréciation de votre caractère.

MM. de Rothschild, Pereire, Mallet, etc., ont quelques pailles dans l'œil, vous savez les grossir à l'égal de la poutre qui vous aveugle.

Dites-moi, un seul de ces financiers a-t-il à se reprocher un seul des faits articulés dans le passage suivant du réquisitoire de M. Pinard, pourtant si modéré?

« Si on eût vérifié la caisse des titres, on eût eu connais-
» sance de ce détournement de vingt-et-un mille deux cent

» quarante-sept actions de la Caisse qui disparaissaient au
» 3 août 1857 et qui ne sont réintégrées que de décembre
» 1859 au 5 septembre 1860. On eût eu connaissance du dé-
» tournement des quatre mille trois cents Ports de Marseille
» qui disparaissent du 5 mai au 11 juin 1858, et qui ne sont
» rétablis que fictivement par une écriture du 5 septembre
» 1860 qui les attribue à Mirès à un cours inférieur à celui de
» leur sortie. On eût eu connaissance de cet énorme déficit
» de titres qui atteignait 13 millions le 13 février 1861.

» Mais jamais la caisse des titres ne fut vérifiée, ainsi que
» l'atteste Roger dans sa déposition:

» Tout le temps que j'ai été caissier des titres, ou du moins
» depuis 1857, aucun membre du Conseil de surveillance
» n'est venu faire la visite de ma caisse, et je n'ai pas eu à
» délivrer d'états certifiés, car il ne m'en a pas été demandé. »

Et tout cela ne sont que vétilles pour vous. Vous aviez réponse à tout. N'étiez-vous pas omnipotent à la *Caisse*? N'aviez-vous pas le droit de disposer de la chose de vos actionnaires comme de la vôtre propre? Que dis-je, de la chose de vos actionnaires? Vos actionnaires eux-mêmes étaient vôtres.

En 1857, vous prenez 21,247 actions de la *Caisse* sans écriture, sans rien, et vous les jetez sur le marché. Votre avocat pour vous excuser dit à ce sujet:

« L'emprunt espagnol touchait au dernier mois de paie-
» ment, il fallait s'acquitter ou bien subir la faillite. ! »

Précieux aveu, qui nous donne la mesure du succès de ce fameux emprunt espagnol que vous faites encore sonner si haut.

A ce moment, il fallait ce coup de... gérant ou la faillite. Et ces bons bilans que vous nous donniez en y portant ces titres qui étaient on ne sait où? Ah! les bons bilans qu'avaient les actionnaires.

Mais qui eût pu savoir tout cela? Vous affirmiez; et cela suffisait. Est-ce qu'on vérifiait la caisse des titres à la *Caisse des chemins de fer?*

Et ceci qui s'adresse il est vrai à M. le comte Siméon, mais qui vous touche aussi très-particulièrement. Est-ce que cela a été nié?

« Est-ce que les avertissements lui auraient man-
» qué? Ah! Messieurs ils n'ont été que trop signi-
» ficatifs et trop clairs. Le comte Siméon a été
» averti, *lorsque Mirès*, prenant à la *Caisse* le
» 15 avril 1859, 6,852 actions non émises, se les
» faisait attribuer au cours de 300 francs. Quand
» trois jours auparavant, la *Caisse* se les appliquait
» à 500 francs. Ce jour-là, l'omnipotence intéressée
» du gérant sembla trop humilante et trop forte;
» le Conseil de surveillance ordonna le contre-
» passement. Le comte Siméon fut averti, lors de
» l'intervention du Conseil de surveillance, pour
» obtenir une réintégration. Le comte Siméon fut
» averti, lorsque en juin 1850, la perte de 206,000
» francs sur la rente, inscrite à tort au compte de
» la maison dut être contrepassée au compte de
» Mirès. »

Et sait-on comment l'avocat de M. le comte Siméon excuse son client à ce sujet?

Il dit: — « Est-ce qu'on pouvait obtenir quelque
» chose de cet esprit entier et despotique, (Mi-

» rès). Là où les experts se sont perdus, M. le » comte Siméon pouvait-il voir clair ? » Plus loin, ce même avocat, pour couvrir son client, invoque les ratifications des actionnaires. — « Comment peut-on, dit-il, lui demander compte des » constations de calculs d'évaluations loyalement » soumises aux actionnaires et acceptées par ceux-» ci : Je ne le comprends plus. »

Vraiment c'est par trop naïf. Le Conseil affirme vraie une chose fausse ; il affirme avoir rempli sa tâche, c'est-à-dire avoir surveillé et vérifié ; et il n'a jamais ni vérifié, ni surveillé. Sur cette affirmation les actionnaires votent de confiance ; et voilà que, quand on prouve qu'ils ont été trompés, on invoque leur ratification !

Mais on vous avait nommé pour surveiller nos affaires et nos gérants, non pour accepter de ceux-ci leurs opinions et leurs affirmations.

AVEUX. — JEU EFFRÉNÉ. — ÉPAVES.

Je reviens à vous M. Mirès. Dans tous vos procès, vous avez été l'homme énergique et emporté que l'on connaît. Vous vous êtes défendu avec acharnement. C'est votre défense qui vous a valu les sympathies désintéressées de quelques personnes amies du courage et de la persistance, et celles de ceux de vos actionnaires qui, malgré la triste expérience qu'ils venaient de faire de votre gérance, espéraient encore, de cette énergie et de ce courage, mieux que ce qu'il a produit et que nous verrons tout à l'heure.

Il est bon ici de recueillir de votre bouche quelques aveux. A Douai vous disiez : — « Ce » n'est pas ma déloyauté ou ma mauvaise foi qui » m'ont fait des ennemis, c'est mon caractère ! » Ceci est bon à noter, car vos ennemis étaient aussi nombreux que vos amis, si vous en aviez, l'étaient peu. Quand on a un caractère comme le vôtre, on ne gère pas des intérêts aussi importants où on met son caractère en pension..... à la campagne.

Plus loin vous ajoutiez : — « Solar a dit où il a » fait dire que les bonnes affaires, je les gardais » pour moi et que je laissais les mauvaises à la » Société : c'est faux ! » — Solar devait pourtant en savoir quelque chose.

Et avec amertume vous ajoutiez encore : — » C'est eux qui ont compromis les affaires de la » *Caisse*. En une seule année, en 1857, on a perdu » 1,800,000 francs, et, en 1858, *ils* ont dilapidé » 8,000,000 » — N'étiez-vous pas un peu coupable de tolérer des faits semblables ; et croyez-vous que vos actionnaires, qui ont payé, en fin de compte, les frais de toutes vos fautes et de celles que vous avez laissé commettre, soient bien flattés d'apprendre cela quatre ans après les événements ?

Quant aux exécutions, la question est encore très-controversée. Vous prétendiez avoir le droit d'en agir ainsi. D'ailleurs, ajoutiez-vous, tous ceux qui ont réclamé ont été remboursés. Parbleu, nous le savons bien ; mais avec nos fonds, à nous actionnaires, qui n'avions pourtant exécuté personne.

« Si la France souffre, disiez-vous aussi, c'est « des milliards qu'on lui a enlevés en 1856. » — N'y aviez-vous pas contribué par vos affaires des Romains d'abord, et, plus tard, des Pampelune et des Portugais?

Quant au placement de 56,312 obligations du Pampelune au lieu de 52,080 qui étaient offertes, c'est un procédé de boursier très-excusable, chez un financier de votre école.

A propos des 85 000 actions des chemins romains trouvées dans le portefeuille de la *Caisse* au moment de votre arrestation, vous dites avec un certain dédain : — « J'ai été chargé de placer les ac-» tions, je les ai placées; que si maintenant il m'a » convenu d'en racheter à mes risques et périls, ceci » ne regarde que moi ! » — N'est-ce pas un peu leste, M. Mirès ; et est-ce que cela ne nous regarde pas un peu aussi, nous à qui cela a coûté quelques 100 francs par action ?

L'expert, ayant constaté que la *Caisse* se livrait à des opérations de jeu effrénées, ajoutait que ces opérations pendant quatre ans se chiffraient par 1 522 millions. A quoi vous répondîtes que l'expert avait compté les reports de mois en mois comme des opérations nouvelles. Cela est vrai, mais ceci n'est-il pas une subtilité de votre part. Le report, en prolongeant une opération qui aurait dû être liquidée à la fin du mois ne renouvelle-t-il pas cette opération pour le mois suivant ?

Je m'arrête, car vraiment on n'en finirait plus à répondre à vos arguments ou à les apprécier. Ces arguments, vous avaient presque excusé en montrant l'absence de sens moral qui vous caractérise.

Le point intéressant pour nous, c'était surtout de savoir ce qui pouvait rester des ruines de notre Société ; ce qui nous reviendrait de ce capital, qu'hélas, nous ne voyions plus intact comme au temps de vos dociles bilans.

Du premier examen, et par le seul fait de l'évaluation exacte des valeurs du portefeuille, M. de Germiny avait réduit l'actif à 32,500,000 francs, mais, quand on eut examiné plus attentivement les livres; quand on eut apprécié la solvabilité des débiteurs de la *Caisse*; il en fallut bien rabattre; et un examen sérieux constata les pertes approximatives suivantes :

Pertes sur les valeurs du portefeuille.	15,000,000
Perte sur la vente des immeubles...	2,000,000
Pertes sur la clientèle du journal...	939,000
Pertes sur les avances en compte courant........................	7,730,000
Indemnités payées aux exécutés..	173,000
Enfin 5,852 actions non placées....	3,926,600

Soit environ 27 millions et demi, auxquels il fallut ajouter pour pertes résultant de résiliations :

Sur les chemins de fer de Pampelune........................	3,414,000
Sur les chemins de fer Romains. ..	8,500,000
Sur l'emprunt ottoman...........	6,371,000

Pour ne pas laisser supposer que ces dernières pertes aient pu résulter de votre procès, je dois expliquer que ce n'étaient pas des pertes proprement dites, mais bien des bénéfices, non encore acquis, et portés trop tôt au crédit du compte profits et pertes, qu'on devait forcément en rayer dès que la *Caisse* ne pouvait plus tenir ses engagements envers les compagnies et l'état ottoman. Même, dans le cas où le temps vous eut permis de tenir vos engagements, il en eut certainement résulté quelques frais, par conséquent des atténuations de ces bénéfices portés à un exercice précédent, et incombant à un ou plusieurs autres exercices.

Or, ces réductions sur l'actif de 55,000,000 qui paraissait net à votre dernier bilan, le faisaient tomber au chiffre approximatif de 8 ou 9 millions qui, plus tard, parut encore trop élevé.

Je sais bien que cette évaluation de votre actif, faite au 19 février 1861, vous a toujours parue trop faible; mais, hélas! les faits sont venus depuis la diminuer encore; et nous verrons si, après trois ans d'omnipotence et de pouvoirs en blanc, vous avez su y changer quelque chose.

Au moment de votre arrestation, il y avait dans le portefeuille de la *Caisse*, 14,000 actions de la *Caisse* même, sur lesquelles il avait été prêté environ 4 millions. Ces actions, abandonnées par les emprunteurs, forment, avec les 5,852 non placées, un total de plus 19,000 qui doivent être annulées.

La répartition, si jamais répartition il y a, devra donc se faire à 81,000 actions.

Pendant leurs fonctions, les liquidateurs qui, eux, avaient très-bien compris qu'ils avaient été nommés liquidateurs pour liquider la Société, et non pour demander des blanc-seings aux actionnaires, avaient réparti, en deux fois, 45 francs à chaque action, soit 4,500,000 francs, moins les répartitions afférentes aux 19 mille actions en portefeuille.

En 1864, le 16 juillet, dans une assemblée générale de vos actionnaires, vous établissiez ainsi la situation de la *Caisse* d'après le bilan fourni par les liquidateurs.

Disponible	4.500.000
A réclamer au gouvernement ottoman	2.545.000
Créance Pontalba	2.200.000
A Réclamer des Romains, Pampelune, Gaz et de Marseille	3.000.000
	12.245.000

Depuis, il a été distribué par les liquidateurs 15 francs par titre. Si nous devions nous en rapporter à vos chiffres, il resterait, d'après ceci, environ 125 francs à répartir encore. Mais nous savons aujourd'hui à quoi nous en tenir sur vos groupements de chiffres. D'ailleurs, vous n'étiez pas encore maître de la situation ; et j'arrive de suite à l'assemblée du 10 avril 1866, dans laquelle vous fûtes acclamé comme liquidateur par les actionnaires, après avoir été nommé par la Cour le 20 mars.

ASSEMBLÉE DU 10 AVRIL. — MIRÈS LIQUIDATEUR.

Cette assemblée, dont l'importance fatale a eu pour nous les plus déplorables conséquences, réunit 51,875 titres déposés par 2,003 personnes.

Au bureau que vous présidiez siégeaient M. Le Bret, président d'une commission nommée par les actionnaires le 6 février 1864, MM. David et Deshayes-Bonneau comme scrutateurs, et M. Halbronn comme secrétaire.

M. Le Bret d'abord donna quelques explications relatives à la mission confiée à la commission qu'il présidait.

A propos de la créance Pontalba, voici ce que dit M. Le Bret :

« Vous vous souvenez que, la veille même de notre pre-
» mière réunion, les liquidateurs avaient cru devoir transiger
» avec l'ancien membre de votre conseil de surveillance et
» réduire sa dette à la somme de 300,000 francs que la famille
» de ce dernier s'engageait à payer.

» Dans l'assemblée du mois de juillet 1864, vous nous
» aviez donné mandat de poursuivre devant les tribunaux
» l'annulation d'un semblable traité. Nous nous sommes

» conformés au vote émis à cet égard; mais nous avons le
» regret de vous dire que la justice a maintenu le règlement
» fait par vos anciens liquidateurs.

» Nous n'avons plus, Messieurs, qu'à nous incliner.

» C'est une perte de plus à ajouter à toutes celles qu'a
» subies notre Société depuis 1861. »

Ceci est fort bien; mais, ce qui me paraît incompréhensible, c'est que la commission présidée par M. Le Bret n'ait pas même songé à faire remonter la responsabilité de cette dette à celui qui l'avait laissée contracter, à celui qui seul pouvait l'empêcher, à vous, Monsieur Mirès, la véritable et l'unique cause de cette perte que nous subissons tous.

A vous la faute, à nous ses conséquences ruineuses.

Après cela, nous ne devons plus nous étonner des paroles favorables de M. Le Bret à votre égard, ni de son appréciation de la sentence arbitrale relative à votre compte personnel.

Dans votre discours, oubliant naturellement toutes les fautes ou responsabilités qui incombent à votre gérance, vous eûtes pour celles des liquidateurs des mots amers.

Vous fîtes miroiter à nos yeux, outre ce que vous appeliez le résidu de notre actif, des sommes qu'hélas! nous pouvons aujourd'hui appeler fantastiques, mais que, selon vous, vous ne pouviez manquer de recouvrer.

C'était entre autres 2,545,000 francs à réclamer au gouvernement Ottoman et vous disiez :

« La réclamation que je compte former à Constantinople,

» réussira, je vous l'affirme ; elle réussira parce qu'elle est » fondée et parce que..., etc. »

Où en est cette réclamation ? Depuis plus de deux ans que vous avez dû la formuler, il doit y avoir été répondu. Il est vrai que, puisque vous en connaissez le résultat, cela suffit : vos actionnaires n'ont rien à en savoir. Cependant ne pourraient-ils chercher à connaître quelles relations vous avez conservées à Constantinople ?

Puis la réclamation à la Société des houillières de Portes évaluée par vous à un million, où en est elle aussi ?

Quant à ce résidu de l'actif, le voici selon vous au 20 mars 1866.

ACTIF

« Diverses créances d'une réalisation assurée, d'après les liqui- » dateurs, dont une certaine période ; ci........	1.000.000	»
» Créance Pontalba, réduite par la transaction » des liquidateurs à..........................	500.000	»
» Créance sur la Société immobilière, provenant » de l'ancienne Société des Ports de Marseille....	400.000	»
» Créance sur le gouvernement italien, prove- » nant d'un cautionnement dépose en 1856, pour » la concession d'un chemin de fer napolitain....	200.000	»
» En valeurs diverses........................	493.969	95
» Enfin en espèces..........................	332.831	»
» Total de l'actif..........................	2.926.800	96

PASSIF.

» Il est représenté :		
» 1° Par quelques réclamations sans fondement ;		
» 2° Par les sommes restant dues sur les répar- » titions faites par les liquidateurs, soit ensemble	300.000	»
» Il restera donc disponible une somme d'en- » iron......................................	2.626.800	25

» représentant environ 25 francs par action. »

Et rappelant les réclamations à adresser au gouvernement Ottoman, et aux houillières de Portès, vous ajoutiez :

« D'autres réclamations peuvent-elles être faites? Je l'i-
» gnore. N'ayant pas encore apuré tous les comptes, notam-
» ment ceux avec les sociétés des chemins de fer romains
» et du chemin de Pampelune, je ne puis savoir si d'autres
» redressements doivent avoir lieu. Je me borne donc aux
» deux rectifications que je viens de signaler et qui me don-
» nent l'espérance d'accroître notre actif d'une somme d'en-
» viron quatre millions. Ces quatre millions, réunis au ré-
» sidu livré par les liquidateurs, permettraient de vous
» distribuer encore, dans un avenir plus ou moins éloigné,
» 50 à 60 francs par action. Si ma mission devait se borner
» à ramasser ces débris de notre actif pour les répartir et
» clore définitivement la liquidation, tel serait le résultat
» que vous devriez espérer.

» Mais j'ai une mission plus étendue; ce n'est pas seule-
» ment pour améliorer le sort de la liquidation, ni pour faire
» rentrer ces sommes qui restent dues, que j'ai poursuivi le
» départ des liquidateurs. Je l'ai poursuivi comme une répa-
» ration légitime pour mon honneur, et ensuite comme un
» moyen de reconstruire notre capital si malheureusement
» anéanti.

» Reconstruire ou gagner la somme énorme de 50 millions
» semble bien difficile, surtout avec les ressources si réduites
» que les liquidateurs nous ont livrées.

» Heureusement, pour gagner 50 millions, il faut autre
» chose qu'un capital en espèces. Il faut : 1° le crédit; 2° le
» concours de tous.

» Le crédit, je l'ai conservé :

» Le concours, je saurais l'obtenir.

» Je l'obtiendrai, Messieurs, parce que je le demande uni-
» quement pour vous et au nom d'un intérêt supérieur même
» au vôtre, au nom de la solidarité qui lie entre elles toutes

» les grandes agglomérations de capitaux. Je l'obtiendrai
» parce que JE M'EFFACERAI ET LAISSERAI COMPLÈTEMENT
» A CEUX QUI AIDERONT L'OEUVRE DE RÉPARATION QUE JE
» POURSUIS, L'HONNEUR DU BÉNÉFICE QUE VOUS RECUEIL-
» LEREZ. »

Vous avouerez que toutes ces promesses sont bien alléchantes pour de pauvres actionnaires ruinés ; et qu'il est impossible de s'étonner de leurs applaudissements, même quand, arrivé à la discussion des faits relatifs à votre compte personnel, vous prononcez ces paroles :

« La troisième réclamation concerne l'emprunt ottoman.
» Ma participation aux bénéfices de cet emprunt est at-
» testée :
» 1° Par le contrat passé avec le gouvernement turc ;
» 2° Par la délibération de notre assemblée du 28 janvier
» 1861 ;
» 3° Par les écritures sociales passées en décembre 1860 ;
» 4° Par les écritures rectificatives, dressées par M. Isoard,
» sous l'administration de M. de Germiny.
» C'est en vertu de ces actes et documents que j'ai été dé-
» finitivement crédité d'une somme de 2,228,209 francs pour
» ma participation dans ledit emprunt.
» Or, les liquidateurs, de leur autorité privée, ont abusi-
» vement bâtonné ce crédit ; et, en même temps, ils ont mis
» à ma charge une somme de 690,000 francs dépensée pour
» l'emprunt.
» Cette question est clairement discutée et résolue par la
» sentence arbitrale. »

Voilà bien des attestations pour votre partipation aux BÉNÉFICES de l'emprunt Ottoman ; et on ne peut que se rendre. Cependant il semble que si, comme vous l'avez dit, l'emprunt Ottoman n'a donné aucun *bénéfice* à la *Caisse*, si ce n'est la possibilité de réclamer 2,545,000, qu'elle n'obtiendra jamais, cette participation devrait se réduire à zéro.

Point, la *Caisse* n'y gagne rien; mais vous, vous y gagnez 2,228,009 francs, dont vous vous faites créditer. Il faut avouer que c'est une jolie commission pour une affaire manquée. Quand je dis : « manquée » pas pour vous à coup sûr.

Je dois à côté de ceci faire ressortir votre désintéressement; et je vous cite encore :

« Je me borne à rappeler que, reconnu créancier, en capi-
» tal et intérêts d'une somme de 1,750,000 francs, j'ai fait
» en votre faveur l'abandon de mes droits. (Approbation gé-
» nérale.)

» Quant au jugement rendu par le Tribunal de Commerce,
» *il est par défaut, ainsi que le rapport de l'arbitre Riollet qui*
» *lui sert de base.*

» Voulant donner à ce débat une solution définitive, les
» commissaires que vous désignerez, s'adresseront à la Cour
» de Paris pour solliciter un arrêt infirmatif dudit jugement
» par défaut; ils présenteront des conclusions qui auront
» pour base les résultats en chiffres de la délibération arbi-
» trale; et ils demanderont à la Cour de sanctionner l'aban-
» don que j'ai fait du montant de ma créance, s'élevant en
» capital et intérêts, à un million sept cent cinquante mille
» francs. »

Vos actionnaires ignorent encore si cela a été fait.

Un peu plus loin, dans votre discours, vous réclamiez 600 actions des Ports de Marseille qu'on vous octroya.

Ensuite arrivèrent quelques doléances qui aboutirent adroitement à la demande et à l'obtention pour vous d'un petit cadeau de 150,000 francs. D'ailleurs le morceau en vaut la peine, permettez-moi de le citer tout entier :

« Je vous dois une autre communication. Mieux que per-
« sonne, vous savez les péripéties nombreuses que j'ai traver-
« sées depuis cinq ans; vous avez pu apprécier l'importance
« des dépenses qu'elles m'ont imposées.

« Si vous considérez, en outre, qu'à la fin de l'année 1860,
« j'ai réalisé ma fortune mobilière et ai versé le produit dans
« la Caisse sociale, ainsi que le prouve la comptabilité, vous
« comprendrez combien mes ressources sont épuisées.

« Mes dépenses se sont accrues de celles que j'ai faites pour
« défendre vos intérêts devant les tribunaux, à l'occasion
« des procès faits par des clients de la Société, et pour le pro-
« cès Pontalba.

» Cependant, si mes sacrifices avaient été limités à ces sor-
» tes de frais, j'aurais pu y suffire, mais j'ai dû satisfaire aussi
» aux dépenses faites en 1862, pour réinstaller les bureaux
» dans notre ancienne demeure, rue Richelieu, 99; ces frais
» ont été considérables; les lieux avaient été dévastés, comme
» si on avait voulu détruire le souvenir de notre établisse-
» ment; les murs mêmes étaient déchirés; il n'a pas fallu
» moins de 80,000 francs pour procéder à la réédification de
» nos bureaux. Vous le savez, ce fut en pure perte!

» Je tentai, à cette époque, dans votre intérêt, une opéra-
» tion de deux cents millions. La publicité fut considérable.
» cette dépense, comme celle qu'avaient coûtées les bureaux,
» fut perdue, la Banque de France m'ayant retiré mon
» compte!

» En 1864, je fis, encore dans votre intérêt, une nouvelle
» tentative et créai une Société au capital de cent millions,
» sous le titre de *Banque des États*. J'échouai par des raisons
» qu'il est désormais inutile de rappeler.

» J'avais, à cette occasion, transformé mon habitation en
» bureaux. Dans cette circonstance, comme en 1862, cette
» installation, les frais d'impression et de publicité, m'ont
» constitué en perte d'une somme considérable.

» Nos réunions, en février et juillet 1864, les convocations,
» la publication de nos rapports dans les journaux, les frais
» d'impressions, etc., ont occasionné des dépenses trop éle-
» vées.

» Tout récemment, pour avoir voulu faire annuler la tran-
» saction faite en faveur de M. Pontalba par les liquidateurs,
» j'ai été condamné aux frais, qui se sont élevés, avec les ho-
» noraires aux conseils, à plus de 25,000 francs. Ils ne sont
» point encore entièrement payés; mes loyers sont mêmes
» saisis pour cet objet, par les avoués de la famille Pontalba.

» Enfin, les frais de l'expertise ordonnée par MM. Berryer,
» Marie et Carré, ceux de l'arbitrage, et les impressions si
» considérables qui ont eu lieu, ont encore ajouté une somme
» importante à celles que j'ai employées.

» En 1864, j'avais mis sous les yeux de vos commissaires
» le tableau des dépenses que j'avais faites, elles s'élevaient
» à près de 700,000 francs. Elles se sont considérablement
» accrues depuis lors; une partie reste à acquitter. Je vous
» demande, Messieurs, de vouloir bien m'autoriser à passer
» en frais de liquidation le reste de ces dépenses, les seules,
» je le répète, qui ne soient pas soldées, elles ne dépassent
» pas 150,000 francs, et ne représentent que 1 franc 50 cent.
» par action. (Oui! oui!)

» Cette somme qui, répartie sur toutes les actions est insi-
» gnifiante pour chacun, est pour moi considérable, je puis
» dire essentielle! (Approbation.) »

150,000 francs, c'est vraiment une misère. Tant

que vous y étiez, Monsieur, il fallait décupler la somme; on vous l'eut certainement accordée; et, au lieu du château que la femme d'un financier achète, dit-on, en Touraine sur ses économies, elle eut pu acquérir une principauté en Allemagne.

PROMESSES TENUES. — VOIES DE CONCILIATION CHOISIES. — LE SIEUR HANS.

Après ces petits réglements de compte, qui ne furent pas trop à notre avantage, vous voulûtes bien nous expliquer ce que vous feriez ou plutôt ce que vous ne feriez pas pour reconquérir notre fameux capital. Vous ne feriez pas ceci, vous ne feriez pas cela, etc.

C'est alors que, dans le feu de votre éloquence, vous prononçâtes ces paroles que vos actes ont depuis constamment démenties :

» Malheureusement, loin de combattre les tendances de » l'opinion publique, le monde financier semble s'y associer » par un esprit de lutte stérile, par un dénigrement mutuel » et systématique qui éloigne ou fait taire ces préoccupations » élevées ; mais j'ai l'espérance que votre malheur sera le trait » de lumière qui éclairera les hommes de finance et assurera » leur appui à mes tentatives en votre faveur.

» AUSSI MES EFFORTS AURONT PRINCIPALEMENT POUR BUT » DE PROCURER LA CONCORDE DANS LES RÉGIONS FINANCIÈRES, » ET DE PROVOQUER UNE MEILLEURE APPRÉCIATION DES IN- » TÉRÊTS QU'ON Y DOIT SERVIR. »

» Ce but, je le poursuivrai avec une telle persévérance,
» une si entière abnégation que je l'atteindrai promptement,
» car maintenant que sont dissipées les préoccupations que
» me donnaient les entraves mises à ma liberté d'action, je
» pourrai avec persistance, au moyen de la presse, par
» exemple, EN INVOQUANT LES MEILLEURS SENTI-
» MENTS DU CŒUR HUMAIN, acquérir à votre cause les
» sympathies, qui ne lui peuvent être refusées.

» Alors, Messieurs, je soumettrai mes projets aux médita-
» tions des hommes les plus influents.

» Ces projets ne sont pas à naître, ILS SONT PRÊTS ; et,
» par la sécurité qu'ils présentent, par leur grandeur, par les
» résultats certains qu'ils assurent à tous les participants, ils
» faciliteront une prompte réalisation de mes plus chères es-
» pérances, la rentrée, comme bénéfice me revenant, d'un
» capital qui indemnisera notre Société de ses pertes.

» JE NE RECULERAI DEVANT AUCUN SACRIFICE ; et, *si mon*
» *intervention trop directe soulevait quelques susceptibilités*, JE
» M'EFFACERAIS ; si même il était nécessaire à vos intérêts
» que mon intervention fût annulée, je n'y ferais aucun
» obstacle, RÉSOLU A TOUT ACCEPTER pour l'accomplissement
» de l'œuvre à laquelle j'ai consacré ma vie. (Bravos ré-
» pétés). »

Comme vous parlez bien de concorde, Monsieur, vous qui la pratiquez si peu. Je crois qu'il est impossible d'être plus violent que vous l'avez été et que vous l'êtes chaque jour pour tous les financiers : les Rothschild, les Pereire, les Erlanger, etc., etc. ; et c'est vous qui avez eu l'impudence de dire que — « *vos efforts auraient pour but de pro-*
» *curer la concorde dans les régions financières* ». — Nous les connaissons aujourd'hui vos efforts !

Maintenant vos conclusions. Elles sont aussi vagues que les préliminaires. Je n'y vois qu'une chose bien claire, c'est que vous nous demandiez un blanc-seing pour disposer à votre gré de 1,500,000 fr. le plus net de notre actif. Les voici, du reste :

« Y a-t-il des entreprises qui permettent de réaliser d'assez » grands bénéfices pour justifier mes espérances? Oui! parce » que le mouvement financier qui agite le monde est si con- » sidérable que les plus vastes conceptions sont facilement » réalisables.

» Toutefois ; et je le reconnais, la nature comme l'impor- » tance des réparations auxquelles vous avez droit présentent » des difficultés de plus d'un genre ; et, pour m'aider dans la » tâche que j'ai entreprise, il me faut non-seulement une » grande liberté d'action, mais il faut encore que je puisse » librement disposer d'une partie du reliquat que les liqui- » dateurs m'ont livré. (Oui! oui! vive adhésion.)

» Ce reliquat se divise ainsi :

» *Première partie.* — L'actif que j'ai signalé plus haut et » qui s'élève à. . . . . , ... 2,626,000 fr.

» *Deuxième partie.* — La somme due par le gouvernement » ottoman, qui représente. 3,000,000

» Et celle que nous avons à réclamer de la » Société des gaz de Marseille et des houil- » lères des Portes, ci. 1,000,000

» Soit. . . . . 4,000,000 fr.

» Pour faire valoir vos droits, comme pour plaider votre » cause devant l'opinion publique, pour obtenir les appuis » nécessaires au succès de mes efforts, j'ai besoin d'une cer- » taine force, d'une certaine influence. Vous ne pouvez ou- » blier que notre catastrophe a entraîné la perte d'une » grande partie de ma fortune, et m'a privé de tous les » organes de publicité dont je disposais.

» Je suis donc en même temps sans capital pour agir et » sans aucun élément pour démontrer vos droits ou réaliser

» mes espérances ; il est dès lors nécessaire que je reconstitue
» les forces qui me manquent. Dans cette pensée, je vous
» propose une résolution qui m'autorise à disposer librement,
» pour vous et à votre profit, d'une partie de l'actif que les
» liquidateurs nous ont livré.

» C'EST UN BLANC SEING *que je sollicite, me réservant*
» *de vous soumettre* L'ANNÉE PROCHAINE, *l'emploi que j'aurai*
» *fait des sommes mises à ma disposition.*

» J'ai la presque certitude que ce capital FRUCTIFIERA (!),
» utilisé, comme il le sera, pour la plus sainte des causes, pour
» celle qui représente la justice et le droit. Mais s'il ne pro-
» duisait pas les résultats heureux que j'espère, il ne serait
» cependant pas compromis, puisqu'il restera de l'emploi de
» vos fonds, une propriété qui, je n'en doute pas, *représen-*
» *tera, ET AU-DELA, le capital qui y aura été employé.* »

Un blanc-seing, en matière de finances, obtenu sous condition, c'est une chose bien grave, bien osée; et il faut savoir les actionnaires bien naïfs pour le leur demander. Eh bien! non-seulement vous l'avez fait, mais, après l'avoir obtenu, vous n'avez même pas rempli la condition avec laquelle on vous l'avait accordé. Vous nous aviez promis de nous soumettre, l'année suivante, l'emploi que vous feriez de notre argent; et, depuis deux ans et demi, nous attendons des communications officielles de vous.

On vous a donné un blanc-seing pour un an; et, de votre propre autorité, vous en prolongez la durée indéfiniment. En vérité, on ne saurait mieux prouver à ses actionnaires qu'on se moque d'eux. Je ne vois plus aujourd'hui aucune raison pour que vous nous rendiez jamais des comptes.

Vous ne sauriez alléguer qu'on vous ait tacitement autorisé à prolonger le délai du blanc-seing, car voici encore vos propres paroles :

« *Non, Messieurs, je ne vous imposerai pas une longue attente. J'espère qu'avant peu des communications directes vous apprendront que ce n'est pas vainement que, dans mon rapport j'ai dit que mes projets étaient prêts.* J'ai l'espérance » que, L'ANNÉE PROCHAINE, **LORSQUE** je viendrai vous » rendre compte de l'emploi que j'aurai fait des sommes » mises à ma disposition, vous aurez pu acquérir la certitude » que votre capital rentrera. (Applaudissements). »

Et voici encore le texte de la dernière de vos sept propositions toutes acceptées (naturellement en présence de telles promesses) :

« M. Mirès est autorisé à employer, comme il le jugera » convenable et dans les vues indiquées, une somme de » 1,500,000 francs sur l'actif disponible de la liquidation.

» M. Mirès, **DANS UNE ASSEMBLÉE QU'IL CONVOQUERA A** » **CET EFFET**, DANS LE COURANT DE L'ANNÉE 1867, » rendra compte de l'emploi qu'il aura fait de la somme » mise à sa disposition par la présente délibération.

Ceci paraît bien formel. Or, nous sommes en septembre 1868; et vos actionnaires n'ont reçu de vous aucune communication.

Aucune, je me trompe, car le 20 juillet 1868 vous publiez dans la *Presse* un document curieux, peu explicatif, mais bien édifiant.

Je le citerai tout à l'heure, mais permettez-moi de le faire précéder, comme vous l'avez fait vous-même dans la *Presse*, d'un article plus curieux encore et où on vous retrouve tout entier. Je cite d'abord, je commenterai ensuite.

CAISSE GÉNÉRALE DES CHEMINS DE FER

Un sieur Hans, demeurant rue Vintimille, 20, où il occupe un appartement de 250 fr. par an, vient d'adresser un appel aux actionnaires de la Caisse générale des chemins de fer. Ce M. Hans qui, disons-le en passant, n'a jamais été actionnaire de la Caisse des chemins de fer, emploie des sommes considérables à faire de la publicité dans les journaux; il répand par milliers des circulaires sans signature, appât grossier tendu à la bonne foi des actionnaires. Le sieur Hans ou un associé quelconque attire les actionnaires confiants, sous prétexte de communication grave, et les reçoit dans un bureau *ad hoc* situé, 40, rue Notre-Dame-des-Victoires. La communication se réduit à demander une adhésion aux actes que ces gens préparent pour compromettre les intérêts dont ils se prétendent impudemment les défenseurs.

Que les actionnaires ne s'y laissent pas tromper; cette campagne entreprise contre moi est, en réalité, dirigée contre eux; il ne peut rester aucun doute à cet égard quand on sait qu'elle a pour instigateurs MM. Pereire eux-mêmes. Ces hommes, qui nous ont fait tant de mal, sentent le terrain s'écrouler sous leurs pas; ils croient, en me suscitant des embarras nouveaux, obtenir que je les laisse paisiblement dépouiller les malheureux ruinés à leur profit.

MM. Pereire ne s'en tiennent pas à ce premier moyen; ils ont enregimenté des journaux; et des écrivains à leur solde ont mission de m'attaquer sous toutes les formes.

Ce n'est pas tout: confiants dans les appuis nombreux qu'ils ont su s'assurer dans toutes les sphères, ils veulent me faire condamner pour de prétendues diffamations.

Dimanche prochain, je publierai l'assignation qu'ils m'ont adressée; je nommerai les témoins que je citerai devant le tribunal; et je dira les faits sur lesquels je ferai appel à leur témoignage ; enfin, je ferai connaître mon système de défense. Jusqu'où tout cela ira-t-il ? Je l'ignore ; mais les événements financiers qui s'accomplissent portent avec eux leur enseignement. Les procédés employés pour exciter la confiance des capitalistes français sont désormais connus de tous. Eh bien ! n'ai-je pas le droit de constater, avec un légitime orgueil, que les affaires de la *Caisse des chemins de fer* apparaissent désormais à tous les yeux comme des affaires loyalement faites, sagement et honnêtement dirigées, tandis que celles du *Crédit mobilier*, à peine produites au grand jour, compromettent de la façon la plus grave les administrateurs de cette Société ?

Il fallait que cela fût démontré pour mettre en relief l'indignité des hommes qui ont poursuivi, par tous les moyens, la ruine de mes actionnaires et la mienne ; il le fallait encore pour que vos droits à de justes réparations fussent formellement constatés. Vous le savez, pour arriver à ces réparations, j'ai tenté toutes les voies amiables ; sans cesse et partout, j'ai été repoussé.

En continuant la lutte pour vous, j'ai été, presque malgré moi, entraîné à porter la lumière dans les ténèbres de certaines affaires, et à défendre des intérêts respectables qui étaient sacrifiés sans pitié.

Ne vous effrayez pas de cette nouvelle forme que prend ma lutte avec MM. Pereire ; elle sera pénible, je le sais ; mais, pendant cette lutte, j'aurai sans cesse vos intérêts devant les yeux, et je saurai les sauvegarder.

Il n'est pas possible qu'à la fin le gouvernemeent n'intervienne pas pour terminer ces différends.

Mais comment peut-il intervenir ? Il le saura, quand il sera résolu à se montrer favorable pour vous. En attendant, soyez tranquilles, le gouvernement ne voudra pas évidemment consacrer votre ruine ; il ne voudra pas m'empêcher de proclamer vos droits à une réparation et d'en poursuivre la réalisation. Pour vous, je braverai tout, la haine de MM. Pereire, les outrages qu'ils font publier contre moi par la plume d'écrivains stipendiés, les condamnations qu'ils réclament parce que j'ai proclamé la vérité sur leurs actes d'administrateurs.

Voici plus bas quelques lignes qui précèdent le livre que je viens de publier sous le titre d'*Aperçus financiers*. Ces lignes disent assez la situation de vos affaires. Cette situation serait brillante si, en mai 1866, MM. Pereire n'avaient fait obstacle à mes efforts. Si un orgueil insensé ne les avait dominés, ils auraient écouté et étudié le projet que je leur soumettais; ils en auraient compris la grandeur; ils auraient sollicité pour lui l'appui, le concours du gouvernement; les sociétés du Crédit mobilier français, espagnol, etc., etc., comme la Caisse des chemins de fer, étaient sauvés.

Ils ne l'ont pas voulu; ils ont cru que tout était à eux dans l'Etat; ils ne pouvaient croire, colosses aux pieds d'argile, qu'ils tomberaient sans ébranler l'Empire; ils avaient la conviction qu'on les soutiendrait quand même; et cette confiance, en leur donnant une sécurité trompeuse, les a rendus impitoyables pour vos malheurs et pour les miens.

J. MIRÈS.

Il y a de tout dans cet article. Surtout de la rage et de la colère. Je crois même que vous en avez été aveuglé.

Vous injuriez un de vos actionnaires sous prétexte qu'il habite un appartement de 250 fr. C'est à la fois maladroit et peu charitable de votre part, M. Mirès. Si, au lieu d'être actionnaire, il eut été gérant, peut-être habiterait-il un hôtel à lui, rue Neuve-des-Mathurins, et refuserait-il d'insérer dans son journal, même après y avoir été condamné, les réponses modérées de ceux qu'il invectiverait, ne pouvant les réfuter.

De bonne foi, Monsieur, tout le monde ne peut pas être gérant de la *Caisse des Chemins de fer.*

Quant à vos imputations à MM. Pereire, elles me paraissent grotesques. Quoi, MM. Pereire enrégimentent des journaux et des écrivains à leur solde pour vous attaquer, M. Mirès?

Vous avez une bien pauvre idée des journaux, des écrivains et des messieurs Pereire. Tant de choses pour vous attaquer, en vérité, M. Mirès, vous n'êtes plus le petit Mirès; vous êtes redevenu l'orgueilleux Mirès. — Peste! entasser Pélion sur Ossa, afin d'écraser une motte de terre, est un jeu bien puéril.

Il est vrai que j'ai lu quelquefois dans des journaux quelques railleries ou quelques critiques à votre adresse, plus souvent des railleries que des critiques cependant; mais, je l'avoue, je n'ai jamais rien lu qui approchât, même de loin, de vos diatribes contre les anciens administrateurs du *Crédit mobilier*, et il ne m'est jamais venu à l'idée que cela pût être la réponse indirecte à vos injures. Quant à la presse, je crois aussi que vous la jugez fort mal : cela tient probablement à ce que vous ne l'avez vue que par son côté honteux, celui des annonciers et des propriétaires.

J'ai à redouter que vous ne voyiez dans la présente lettre, qu'une transformation des Satan-Pereire; mais je m'en consolerai facilement, pourvu que vous conveniez que, malgré la difficulté de ne pas passionner un débat auquel vous êtes mêlé, je suis resté calme et impartial dans toutes mes appréciations, et exact dans toutes mes citations.

Voici maintenant le document très-important

que vous avez adressé le 20 juillet 1868 à vos actionnaires sous forme d'article de la *Presse*. Il avait sans doute pour but de remplacer le discours que vous auriez dû faire à une assemblée générale. Il n'y manque qu'une chose, ce sont les mots : *Bravos prolongés! Vive approbation!* etc., etc.; je suis étonné que vous ne les ayez pas ajoutés, dans la confiance que vos crédules actionnaires auraient applaudi et approuvé. — Je cite :

AUX ACTIONNAIRES DE LA CAISSE GÉNÉRALE DES CHEMINS DE FER.

En réunissant en volumes sous le titre : *Aperçus financiers*, quelques articles publiés dans la *Presse*, je n'ai pas la prétention d'attirer l'attention publique. Le moment ne me semble pas venu de signaler, comme elles le méritent, les erreurs plus qu'excessives et les errements plus qu'insensés qui mettent en péril l'avenir de la France. J'ai voulu simplement vous faire connaître mes efforts pour la défense de nos intérêts.

Ces articles retracent, jour par jour, la lutte que je soutiens pour vous; ils rappellent aussi mes déceptions. Le monde financier n'a pas su comprendre que vos intérêts étaient les siens. Je crois l'avoir démontré cependant; et les catastrophes que j'avais prédites sont venues compléter l démonstration.

L'insuccès de tant d'efforts m'a placé dans la nécessité de soumettre au jugement du public la conduite des hommes qui ont voulu l'anéantissement de votre Société. L'opinion n'a cessé de protéger vos droits, elle m'encourage, elle veut, pour vous, une équitable réparation, et vous l'obtiendrez.

Un second volume viendra bientôt vous attester ma constance; et, je l'espère, vous apprendrez en même temps un plus heureux résultat, car je persévère et je persévérerai.

Lorsque la cour de Paris, par un arrêt du 20 mars 1866, ordonna la retraite des liquidateurs et replaça vos intérêts dans mes mains, la lutte me parut finie et, dans notre assemblée du 10 avril suivant, je crus pouvoir vous promettre une réunion prochaine.

Je présumais trop du bon sens des hommes qui ont causé votre ruine et la mienne; je les ai retrouvés toujours les mêmes, hostiles à nos malheurs, communiquant leur hostilité, aveuglés par la passion au point d'oublier leurs propres intérêts, qui leur commandaient manifestement de nous assister. Cette inintelligence de MM. de Rothschild et Pereire sera l'un des épisodes saillants de l'histoire de leur chute. Car le destin maintenant accompli de MM. Pereire, menace aussi MM. de Rothschild.

Pour moi qui devais sacrifier tous ressentiments personnels à vos intérêts, je crois avoir fait mon devoir et vous le verrez. J'ai averti; j'ai prié. Tout a été vain.

Cette obstination, je n'avais pu la prévoir. Ces implacables inimitiés me plongeaient dans des embarras inextricables et stérilisaient mes efforts pour vous. Que devais-je faire? Si l'état de notre actif l'eût permis, j'aurais voulu l'accroître par une opération sérieuse; mais, vous le savez, lorsque les liquidateurs furent contraints de se retirer, l'actif qu'ils avaient trouvé intact s'était évanoui entre leurs mains.

Voici à quel misérable état ils avaient réduit votre capital:

Les différentes valeurs livrées par les liquidateurs s'élevaient à	2,926,901 45
Dans cette somme, figuraient des valeurs appartenant à l'ancien gérant (M. J. Mirès), et dont l'assemblée a autorisé la restitution, ci.	315.750 00
Reste net	2,611,151 45
Rentrées douteuses	1,244,811 74
Total des rentrées effectuées	1,366,339 71

Il a été payé pour répartitions arriérées, frais généraux en 1866, 1867 et 1868, et enfin

pour dépenses judiciaires pendant la durée de la liquidation.	479,500 81	
Il reste dû à divers.	154,110 00	633,610 81
La somme effective disponible ne s'est donc élevée qu'à.		732,728 90

Cette somme était insuffisante pour acquérir un organe important. Il fallait cependant vaincre les hostilités opposées à la résurrection de vos droits. J'ai joint à votre avoir les ressources que je me suis procurées par un emprunt hypothécaire ; et c'est ainsi que je suis parvenu à assurer un point d'appui à vos justes réclamations.

L'acquisition de la *Presse*, les indemnités payées à divers intéressés et à l'ancien gérant de la *Presse* ont élevée la dépense à.	1.101.614 95
Dépenses diverses, accessoires pour votre défense.	88,294 54
Ensemble.	1,189,909 19
La somme réalisée n'étant que de.	732,728 90
il a fallu pourvoir au supplément de dépenses qui s'est élevé à.	457,180 59

Ainsi vos intérêts ont été placés dans mes mains quand votre fortune était tellement épuisée, que les ressources étaient insuffisantes pour posséder un organe destiné à défendre vos intérêts ! Tel est le sort des cinquante millions que vous avez versés.

Pour posséder un point d'appui, en votre faveur, et poursuivre utilement la revendication de vos droits, j'ai dû recourir à un emprunt personnel ; j'ai engagé par une hypothèque mon unique propriété. Cet emprunt fait au Crédit foncier de France est connu de M. Emile Pereire. M. Pereire fait partie du conseil d'administration de cet établissement ; qu'il puise dans cet exemple le sentiment du devoir envers ses actionnaires en détresse !

Il y a pourtant une immense différence entre la situation de MM. Pereire et la mienne. Ils se sont enrichis pendant que leurs actionnaires ont été ruinés ; la nature, le caractère de leurs opérations ont élevé leur fortune et préparé la chute des Sociétés qu'ils dirigeaient : tout leur imposait des devoirs envers leurs actionnaires. Rien, au contraire, ne m'obligeait à sacrifier les derniers débris de ma fortune : votre capital était intact et notre Société prospère quand les poursuites furent ordonnées ; la responsabilité de votre ruine remontait donc à d'autres qu'à moi.

Néanmoins, sans hésiter, j'ai contracté l'emprunt hypothécaire, sans lequel je n'aurais pu continuer la lutte que je soutiens pour la défense de vos droits.

Désormais ma voix s'élèvera sans trêve ni repos pour proclamer vos droits. Il faudra bien qu'elle soit entendue, car, en aucun pays, en aucun temps, sous aucun régime, une Société commerciale n'a été aussi injustement dépouillée que la vôtre. La morale publique exige une réparation. Cette réparation, la loi en France l'interdit, mais l'honneur et l'humanité la commandent.

Si MM. de Rothschild et Pereire s'étaient souvenus de leurs devoirs envers les actionnaires des sociétés qu'ils ont fondées, ils auraient reconnu la solidarité morale qui lie toutes les grandes associations de capitaux. Leur hostilité n'était pas seulement une iniquité envers vous, une action injuste et odieuse à mon égard ; cette hostilité était aussi une trahison des intérêts qu'ils gèrent. En ratifiant, par leur conduite, l'arbitraire dont vous êtes victimes, ils ont livré l'avenir de leurs Sociétés aux plus dangereuses éventualités.

Cette guerre, dont vous connaissez les récents éclats, je l'ai subie avec la plus extrême répugnance ; mais, une fois déclarée, je l'ai suivie avec une résolution égale à la leur. Elle a fait surgir de terribles vérités contre les principaux chefs du Crédit mobilier et de l'Immobilière. Ils sont tombés !...

Sur leurs débris se sont élevés de nouveaux éléments financiers, étrangers aux luttes anciennes ; ces éléments ne feront pas obstacle à mes efforts. Tout fait présumer une entente que les rivalités ardentes de MM. de Rothschild et Pereire avaient rendue impossible.

J'ai cité cette longue pièce presque complètement, elle en vaut la peine, car elle est la preuve et la morale tout à la fois de ma lettre tout entière.

Voilà donc ce que vous avez fait des misérables épaves avec lesquelles selon vous, vous deviez reconstituer notre capital. Voilà donc à quoi ont abouti les projets merveilleux qui reposaient dans votre vaste intelligence et cette activité fébrile qui vous fait ressembler à un écureuil faisant tourner sa cage.

J'y trouve tout dans cette lettre; votre caractère altier et personnel, la preuve de votre impuissance à rien produire et celle de votre avidité.

Notre misérable actif était de. .		2,926,901 45
Vous avez eu le courage d'en distraire à votre profit avec notre autorisation, il est vrai. .	315,750	
Sur les sommes disponibles vous avez encore fait payer pour frais judiciaires vous incombant.	150,000	
Soit	465,750	
Que vous, gérant d'actionnaires ruinés par votre faute, tuteur de pupilles, de mineurs, car hélas! nous le sommes, vous vous êtes attribué.		465,750 »

Il reste donc que vous nous avez laissé	2,461,151 45
Dont il faut déduire selon vous pour rentrées douteuses.	1,244,811 74
Soit.	1,216,339 71
Qui doivent encore être diminués pour répartitions arriérées, frais généraux, etc.. 329,500 81 et pour reste du à diverses. . . . . . . 154,110 »	483,610 81
Soit net disponible. . . .	732,728 90

Ainsi vous vous attribuez d'abord 465 750 fr. que, d'ailleurs, vous vous étiez fait voter d'acclamation après des promesses fantastiques. Il est vrai que vous ne dites pas un mot de ces promesses. De vos réclamations si justes au gouvernement ottoman et à la Société des houillères, il n'est non plus nullement question. Tout cela était bon pour *chauffer* une assemblée et enlever des votes.

Quant aux rentrées douteuses représentées par 1,244,811 francs, chiffre respectable, à l'assemblée de 1868, vous les disiez certaines dès que la liquidation vous était confiée. Ceci nous donne la mesure de la solvabilité des débiteurs de la *Caisse*. Et, cependant, combien de comptes véreux n'avaient-ils pas déjà été soldés par profits et pertes par les premiers liquidateurs? Ceci ne confirme-t-il pas tout ce que j'avais dit de vos « *Comptes divers, solde débiteur?* »

Quant aux sommes payées par vous pour répartitions arriérées, frais judiciaires, etc., sommes d'ailleurs assez rondelettes, j'aime à croire qu'à un de vos moments de loisir, dans un an ou deux,.... ou trois, vous voudrez bien en justifier les payements.

Eh ! qu'avez-vous fait du blanc-seing que vous aviez sollicité pour UN AN et du solde disponible?

Ah ! c'est ici que je trouve la preuve de votre haute intelligence financière, et de votre prudence à manier les deniers des autres.

Vous avez acquis la *Presse!* Vous avez acheté un journal ; et, dans cette propriété la moins stable et la plus exposée de toutes, vous avez jeté nos derniers sous. Que dis-je, nos derniers sous, vous nous avez même endettés de 457 180 fr. 59 dont la Société est aujourd'hui votre débitrice.

Ainsi donc, après deux ans et demi d'omnipotence absolue, vous daignez nous apprendre que tout notre actif se compose d'un journal; mais que nous avons un passif de 457 180 fr. 59, c'est-à-dire :

Net de la situation de la Caisse au 20 juillet 1868 :

ACTIF

La *Presse*. . . . . . . évaluée. . . . . mémoire.

PASSIF

Dette de la Société. . . . . 457,180 fr. 59

Un point important est pour nous de savoir ce que vaut exactement aujourd'hui la *Presse*.

Essayons de l'évaluer. En 1866, vous l'achetez

1 189 909 fr. 49. Grâce au talent d'un publiciste célèbre, elle avait alors un tirage de 8 à 10 000 exemplaires par jour et un chiffre d'abonnés très respectable. Vous arrivez; et, avec votre humeur tant soit peu brouillonne, vous changez complètement la *ligne* du journal ou plutôt vous abandonnez toute ligne; et, d'une feuille d'opposition franche, vous faites je ne sais quelle arlequinade, mi-partie cléricale-orléaniste, et, mi-parti gouvernementale. Résultat : en quatre mois le tirage du journal tombe de moitié, et, par suite, sa valeur diminue d'un bon tiers. Bah! que vous importe, c'est l'argent des actionnaires qui va.

Le journal ne s'est jamais relevé, au contraire; et aujourd'hui, par la suppression de l'autorisation préalable, sa valeur est encore diminuée d'un tiers. En sorte que nous pourrons nous estimer très-heureux s'il est possible de nous défaire de cette chose par trop aléatoire pour le montant de notre passif.

Ce qui veut dire, en fin de compte, qu'en deux ans, abusant d'un blanc-seing arraché par des promesses fallacieuses, notre actif, de 2,926,901 fr. 45 a été par vous réduit à **zéro**.

Il est vrai qu'en dispersant au vent de votre caprice et à la satisfaction de votre haine nos derniers centimes, vous avez encore réussi à jeter le discrédit sur d'autres financiers et d'autres valeurs; et qu'ainsi, pour ceux de nous qui n'avions pas seulement que de vos *saletés*, suivant l'expression du journal *la Finance*, vous avez complété notre ruine.

Il est vrai encore que vous nous avez dévoilé un de vos projets merveilleux, celui de l'*Union financière*, la plus monstrueuse conception que tête humaine puisse enfanter. L'*Union financière*, qu'un publiciste, de vos amis pourtant quelquefois, a plaisamment et justement qualifiée, je l'ai déjà dit: LA SOCIÉTÉ DU COIN DU BOIS.

Eh bien! monsieur Mirès, croyez-vous qu'il n'est pas venu le temps de terminer cette indigne copmédie. Tout à un terme, Monsieur, même la patience et la crédulité des actionnaires; et, au moment où ils s'aperçoivent qu'ils sont joués, leur colère est aussi grande que leur enthousiasme était vif.

Si vous êtes sorti vainqueur une première fois de votre lutte avec la magistrature; prenez garde que la vindicte des actionnaires ne vous contraigne à l'engager une seconde; et, alors, je souhaite que la Justice vous soit encore clémente, car vous êtes impuissant aujourd'hui, même pour le mal; et, que vous restiez libre ou non, la société n'aura rien à y perdre ni rien à y gagner.

Recevez, etc.

LETTRE DE M. HANS SUR LA SITUATION ACTUELLE DE LA CAISSE DES CHEMINS DE FER

Je crois indispensable de reproduire ici la lettre adressée par M. Hans à M. Mirès, en réponse aux invectives dirigées contre lui par ce financier. M. Hans, usant de son droit, s'était borné à demander que le liquidateur de la *Caisse des Chemins de fer* tînt sa promesse formelle et convoquât ses actionnaires en assemblée générale. M. Mirès avait répondu à cette demande en reprochant à M. Hans d'occuper un appartement modeste. C'est alors qu'à des invectives le jeune actionnaire, qui manie aussi la plume, opposa des chiffres et des arguments que M. Mirès se garda bien de publier; mais M. Hans obtint un jugment qui condamnait le gérant de la *Presse* à les insérer. La *Presse* n'a rien publié encore. Il est bon que le public apprécie tout cela.

Messieurs,

Désireux de connaître enfin le sort qui leur est réservé, quelques porteurs de titres de LA CAISSE DES CHEMINS DE FER ont résolu de vous adresser un appel pour obtenir ensuite, et d'accord avec vous, des explications du liquidateur de notre choix, conformément aux promesses qu'il nous a faites en assemblée générale, le 10 avril 1860.

J'ai porté à MM. Fauchey, Laffitte, Bullier, les annonces que les grands journaux de Paris ont publiées à cet effet.

Le lendemain du jour où elles ont paru, M. Mirès s'est livré, sur ma vie privée, à une enquête dont j'aurais eu le droit de lui demander légalement compte; et, dans la *Presse* du lundi suivant, 21 juillet, il a publié ces lignes :

« Un sieur Hans, demeurant rue Vintimille, n° 20, où il occupe » un appartement de 250 fr. par an, vient d'adresser un appel

» aux actionnaires de la Caisse générale des chemins de fer. Ce » M. Hans, qui, disons-le en passant, n'a jamais été actionnaire de » la Caisse des Chemins de fer, emploie des sommes considérables » à faire de la publicité dans les journaux; il répand par milliers » des circulaires sans signature, appât grossier tendu à la bonne » foi des actionnaires. Le sieur Hans ou un associé quelconque » attire les actionnaires confiants, sous prétexte de communica- » tion grave, et les reçoit dans un bureau *ad hoc* situé 40, rue » Notre-Dame-des-Victoires. La communication se réduit à de- » mander une adhésion aux actes que ces gens préparent pour » compromettre les intérêts dont ils se prétendent impudem- » ment les défenseurs. »

Je me suis empressé de lui répondre en ces termes :

Monsieur le rédacteur en chef du journal la Presse.

« Monsieur le rédacteur en chef,

» J'ai lieu d'être très-étonné du rôle que m'attribue M. Mirès dans la *Semaine financière et commerciale* qu'a publiée votre honorable journal du lundi, 20 juillet dernier, et je viens vous prier de bien vouloir publier ma réponse dimanche prochain à la place même où a paru l'attaque.

» M. Mirès a cru devoir apprendre au public que j'occupe un appartement de 250 francs, rue Vintimille, 20; et que, malgré cela, j'emploie des sommes considérables à faire de la publicité dans les journaux, à propos d'une affaire dans laquelle je n'aurais, selon lui, aucun intérêt.

» Plût à Dieu qu'il eût dit vrai !

» J'habite, j'en conviens, un appartement modeste, mais aussi je suis parfaitement indépendant; et je n'ai pas surtout à me reprocher la ruine de milliers d'actionnaires.

» Je n'ai pas eu à dépenser de sommes considérables en publicité ; car il a suffi, à mes amis et à moi, d'un seul appel pour voir accourir en foule les malheureux actionnaires de la Caisse des chemins de fer.

Quant à nos intentions, elles sont aussi claires que simples : nous sommes actionnaires de la Caisse des chemins de fer, et, en cette qualité, nous désirons savoir de M. Mirès, avec autant de douceur que de fermeté, ce qu'il a exécuté du magnifique programme qu'il a déroulé dans la mémorable assemblée générale du 10 avril 1866, au sein de laquelle il nous a déclaré que ses projets ÉTAIENT PRÊTS et NOTRE REMBOURSEMENT CERTAIN.

Depuis que nous le connaissons, nous avons marché de déceptions en déceptions. Après nous avoir affirmé, le 1er janvier 1866, que notre capital de CINQUANTE MILLIONS était intact, il se bornait en 1866 à nous faire espérer une rentrée de 50 francs par action, soit un reliquat de 4 à 5 millions. Aujourd'hui, enfin, il nous prévient, sans préparation aucune que, tous frais payés, il ne nous reste plus que 644,434 fr. 35 c. qui forment environ la moitié de la propriété du journal la *Presse*, soit 6 fr. 44 c. par action de 500 francs. C'est à peine 1 pour 100 du capital que nous lui avons confié ; et personne n'ignore que la suppression de l'autorisation préalable a diminué de moitié le valeur des grands journaux.

M. Mirès nous apprend ensuite que, pour compléter le prix d'achat de la *Presse*, il a avancé de ses deniers 457,180 fr. 89 c., sans nous dire s'il a fait ce prêt à notre caisse, ou s'il s'est constitué avec nous co-propriétaire du journal, ce qui serait bien différent.

Il résulte de tout cela que, en trois ans, 2,927,901 francs se sont transformés en un passif D'UN DEMI MILLION et en un actif dont la réalisation en argent serait impossible. Il est vrai que M. Mirès rejette toute la responsabilité de ses pertes sur des personnes parfaitement étrangères à nos affaires ; et que, sous prétexte de vouloir rendre à nos titres une valeur qu'il n'ont plus, il amène la dépréciation rapide des titres de toutes les autres compagnies, sans réfléchir qu'il achève de nous ruiner.

En 1867, M. Mirès nous a fait des promesses formelles. Nous lui avons donné le blanc-seing qu'il sollicitait. Le premier usage qu'il en a fait a été de se rembourser immédiatement avec la plus grande abnégation des 315,750 francs qu'il prétendait lui appartenir, et dont ses livres nous fourniront, sans aucun doute, le détail ainsi que celui des 633,610 francs de frais généraux et judiciaires qu'il a cru devoir engloutir en trois ans.

La dernière résolution, votée par l'assemblée générale du 10 avril 1866, dit en propres termes : « M. Mirès, dans une assemblée » qu'il convoquera à cet effet DANS LE COURANT DE L'ANNÉE » 1867, rendra compte de l'emploi qu'il aura fait de la somme » mise à sa disposition par la présente délibération. »

COMME NOUS SOMMES EN 1868, nous venons, après une année

d'attente, lui demander des comptes de liquidation simples, détaillés, et surtout, sans incursion aucune dans le domaine de l'imagination.

Ne croyant pas qu'il soit logique d'attendre de qui que ce soit des millions perdus par nous, il nous semble suffisant de clore la liquidation et de consolider l'administration de notre actif en nos mains. Nous nommerons un gérant de la *Presse* et des administrateurs qui en surveilleront la direction. C'est notre vœu; c'est notre droit; et rien ne saurait autoriser M. Mirès à en entraver plus longtemps l'exercice.

Vous remarquerez, Monsieur le Rédacteur en chef, qu'en établissant mes prétentions, qui sont celles d'un nombre considérable d'actionnaires, je me suis abstenu de toute incursion dans la vie privée de M. Mirès qui, lui, n'a pas cru devoir respecter la mienne. Je NE ME PAIE QUE DE CHIFFRES; et toutes les divagations du monde ne parviendront ni à m'éblouir, ni à m'intimider, ni à me détourner d'un but aussi honnête que juste.

Veuillez, Monsieur le Rédacteur en chef, agréer l'expression de mes sentiments les plus distingués.

A. HANS,

Rue Vintimille, nº 20.

Paris, 25 juillet 1868.

Ma réponse, envoyée par ministère d'huissier, n'ayant pas paru dans la *Presse* du 26 juillet, malgré la promesse formelle qui m'en avait été faite la veille, je me suis rendu dans les bureaux de NOTRE JOURNAL où il m'a été répondu qu'elle ne paraîtrait pas *parce qu'elle frise la diffamation.*

Je vais assigner devant les tribunaux le gérant de NOTRE JOURNAL, afin d'obtenir l'insertion de cette lettre; mais comme le but de M. Mirès doit être de gagner du temps, j'ai voulu vous prendre de suite pour juges de sa conduite, afin que vous sachiez bien comment le liquidateur de notre choix entend nous traiter, lorsque nous nous bornons à réclamer l'exécution de ses engagements les plus précis.

Veuillez agréer, Messieurs, l'expression de mes sentiments les plus distingués.

A. HANS.

Paris. — Imprimerie BALITOUT, QUESTROY et Cᵉ, rue de Valois, 18.

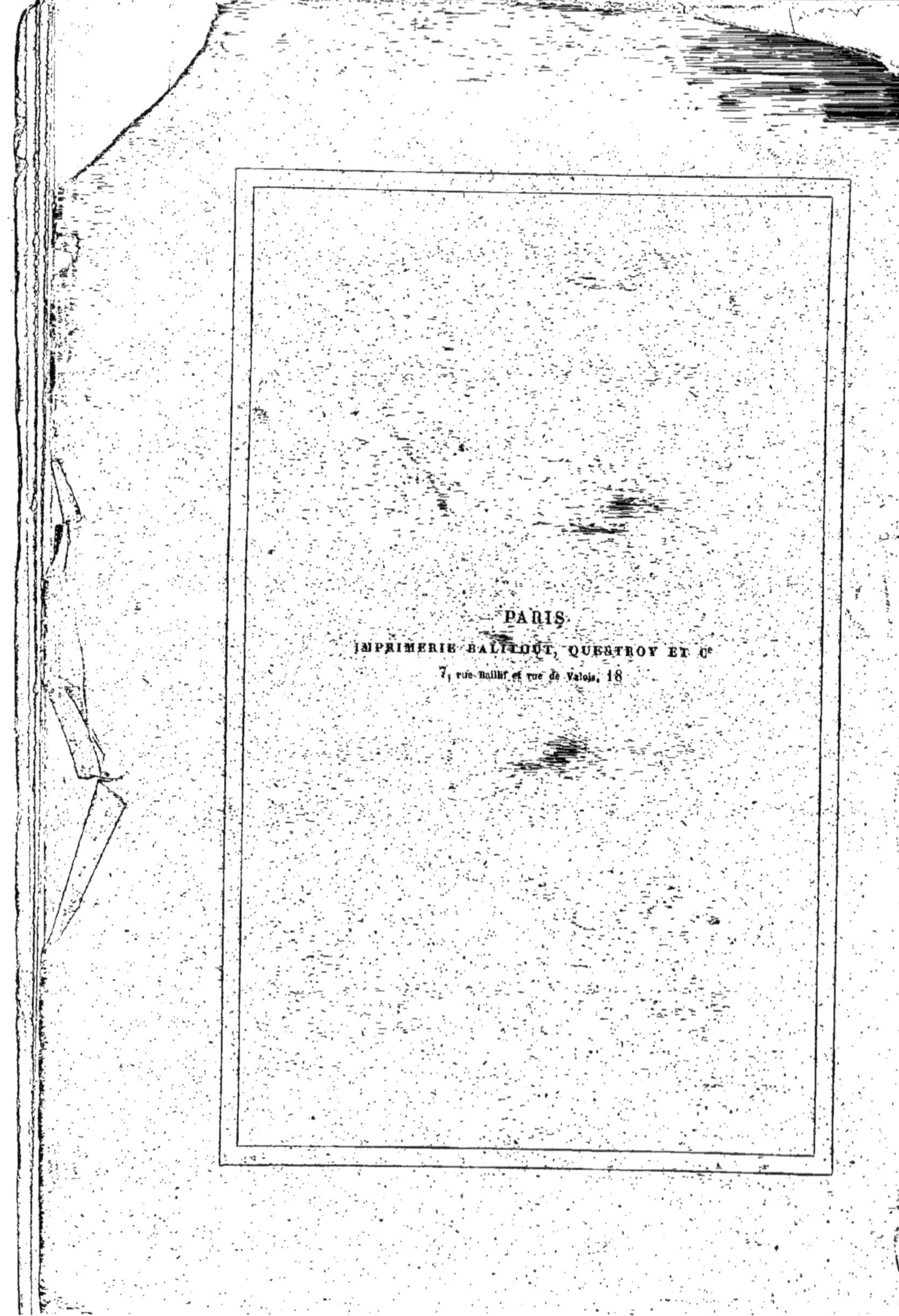

PARIS
IMPRIMERIE BALITOUT, QUESTROY ET Cᵉ
7, rue Baillif et rue de Valois, 18

www.ingramcontent.com/pod-product-compliance
Ingram Content Group UK Ltd.
Pitfield, Milton Keynes, MK11 3LW, UK
UKHW022109260726
13993UKWH00001B/400

9 782019 952891